Dora Sakayan · Christine Tessier

Rede
und
Antwort

Übungen zum dialogischen Sprechen

Max Hueber Verlag

Das Werk und seine Teile sind urheberrechtlich geschützt. Jede Verwertung in anderen als den gesetzlich zugelassenen Fällen bedarf deshalb der vorherigen schriftlichen Einwilligung des Verlags.

| 3. 2. 1. | Die letzten Ziffern bezeichnen |
| 1993 92 91 90 89 | Zahl und Jahr des Druckes. |

Alle Drucke dieser Auflage können, da unverändert, nebeneinander benutzt werden.
1. Auflage
© 1989 Max Hueber Verlag, D-8045 Ismaning
Verlagsredaktion: Rolf Brüseke
Illustrationen: Joachim Schuster, Baldham
Gesamtherstellung: Friedrich Pustet, Regensburg
Printed in the Federal Republic of Germany
ISBN 3-19-001482-5

Inhaltsverzeichnis

Einführung		6
1	Wie beginnt man?	9
2	A Wir bitten um einen Gegenstand	11
	B Wir reagieren auf eine Bitte um einen Gegenstand	13
	a) positiv	13
	b) negativ	15
3	A Wir bitten um Information	17
	B Wir reagieren auf eine Bitte um Information	19
	a) positiv	19
	b) negativ	21
	c) unsicher	23
4	A Wir bitten um eine Erklärung	26
	B Wir reagieren auf eine Bitte um eine Erklärung	29
	a) positiv	29
	b) negativ	31
5	Wir fragen nach unbekannten Ausdrücken	34
6	Wir erkundigen uns nach dem Namen einer Person oder eines Gegenstandes	37
7	A Wir bitten um einen Gefallen	41
	B Wir reagieren auf eine Bitte um einen Gefallen	44
	a) positiv	44
	b) negativ, aber höflich	46
	c) negativ, weniger höflich	48
	d) unsicher	50

8	A	Wir bitten um Erlaubnis	53
	B	Wir reagieren auf eine Bitte um Erlaubnis	56
		a) positiv	56
		b) negativ	58
9	A	Wir erkundigen uns nach den Preisen	61
	B	Wir reagieren auf die Preise	64
		a) positiv	64
		b) negativ	66
10	A	Wir bitten um Rat	70
	B	Wir reagieren auf eine Bitte um Rat	74
		a) positiv-teilnahmsvoll	74
		b) negativ	78
		c) negativ-abratend	81
11	A	Wir bitten um Stellungnahme	84
	B	Wir äußern unsere Meinung	87
		a) positiv / negativ	87
		b) positiv	90
		c) negativ	93
		d) unentschieden / vorsichtig-negativ	95
12	A	Wir bitten um die Zustimmung des anderen	97
	B	Wir reagieren auf eine Bitte um Zustimmung	100
		a) positiv	100
		b) negativ	102
		c) vorsichtig-ablehnend	105
		d) unentschieden / vorsichtig-negativ	108
13	A	Wir erkundigen uns nach dem Befinden des anderen	110
	B	Wir reagieren auf Fragen nach dem Befinden	113

14	Wir wollen uns mit dem anderen freuen	116
15	A Wir bedanken uns	118
	B Wir reagieren auf das „Dankeschön" des anderen	120

Grammatikregister 122

Einführung

„Rede und Antwort" ist ein Übungsbuch, das den Lernenden systematisch darauf vorbereitet, in alltäglichen Gesprächssituationen eine aktive Rolle zu übernehmen und seine Anliegen und Meinungen angemessen zu formulieren. Das Buch richtet sich an all diejenigen, die mit den Grundstrukturen der deutschen Grammatik und einem elementaren Wortschatz vertraut sind. Es eignet sich sowohl für den Einsatz im Kursunterricht – ergänzend zu jedem Lehrwerk – als auch für das Selbststudium.

Im Mittelpunkt dieses Übungsbuches steht die systematische Einführung, Festigung und Wiederholung sogenannter Redemittel. Unter Redemitteln verstehen wir Wörter, Syntagmen und Sätze, die uns als „Fertigteile" zum Ausdruck von Absichten und Einstellungen zur Verfügung stehen und die für die Sprechfertigkeit eine entscheidende Rolle spielen. Der Lernende wird durch die Arbeit mit diesem Buch mit den geläufigsten dieser Redemittel vertraut gemacht.

Als Übungsform werden kleine Dialoge, sogenannte Minidialoge eingesetzt, in die die Redemittel eingebettet sind. Die Minidialoge bestehen meistens aus zwei, höchstens aus vier Äußerungen zwischen zwei Gesprächspartnern. Diese Äußerungen können strukturell unterschiedlich sein; sie können aus einem Wort, einem Satz oder auch aus mehreren Sätzen bestehen. Die erste Äußerung fungiert jeweils als „Stimulus", die zweite als (positive, negative, unsichere ...) Reaktion darauf. Diese Reaktion kann ihrerseits wiederum als Stimulus dienen und eine weitere Reaktion auslösen usw. Eine begrenzte Anzahl von Redemitteln versetzt den Lernenden in die Lage, in nahezu jeder Situation kommunikationsgerechte Äußerungen zu formulieren.

Zum Aufbau und zur Benutzung des Übungsbuches:

- Das Buch umfaßt 15 Kapitel, die nach Sprechabsichten gegliedert sind.
- Die Kapitel bestehen gewöhnlich aus einem A-Teil mit den dialogeröffnenden Redemitteln, den „Stimuli", und einem B-Teil, der die Reaktionen thematisiert, die auf den betreffenden Stimulus zu erwarten sind.
- A-Teil und B-Teil jedes Kapitels umfassen jeweils vier Abschnitte: Übersicht über die Redemittel – zwei Minidialoge, die die kommunikative Funktion der Redemittel illustrieren – Übungen zur Anwendung der Redemittel in weiteren Minidialogen – Aufgaben zur freien Anwendung der Redemittel in vorgegebenen Situationen.

Die Lernenden sollten zunächst die vorgestellten Redemittel als lexikalische Einheiten lernen, ohne näher auf die zugrundeliegenden grammatischen Strukturen einzugehen. Danach werden die Beispiele von der Cassette angehört, nachgesprochen und in unveränderter Form gespielt (Partnerarbeit). Die darauf folgenden Übungen können ebenfalls in Partnerarbeit gemacht werden, wogegen die abschließenden Aufgaben auch für Gruppenarbeit oder Durchnahme in der Gesamtgruppe geeignet sind.

Eventuell können Übungen und Aufgaben auch schriftlich als Hausaufgabe vorbereitet werden.

Die Cassette enthält neben den Beispiel-Minidialogen einige längere Gespräche, die sich zur Schulung des Hörverstehens eignen. Diese Gespräche zeigen nochmals die Verwendung zahlreicher Redemittel in einem größeren Gesprächszusammenhang. Die Lernenden sollten diese Redemittel herausgreifen und in ihrer jeweiligen Funktion beschreiben.

„Rede und Antwort" ist systematisch nach Sprechabsichten gegliedert, nicht nach grammatischen Gesichtspunkten. Trotzdem ist im Anhang ein Grammatikregister angefügt, aus dem ersichtlich ist, in welchen Übungen ein bestimmtes grammatisches

Phänomen in Erscheinung tritt. Auf diese Weise ist es möglich, bei einer Verwendung als kursbegleitendes Material jeweils solche Sprechabsichten zu wählen, die als Verstärkung und Wiederholung des gerade behandelten Grammtikkapitels dienen können.

Wie beginnt man? 1

○ *Verzeihen Sie,* *Verzeihung,*	wie komme ich ...? wie heißt ...? wo ist ...?
○ *Entschuldigen Sie,* *Entschuldigung,*	ich suche ... wissen Sie ...?

Beispiel 1
Sie sind fremd in der Stadt und bitten jemanden um Hilfe:
○ *Verzeihen Sie*, wie komme ich zum Stadtzentrum?
□ Immer geradeaus.

Beispiel 2
In der U-Bahn:
○ *Entschuldigen Sie*, wie heißt die nächste Station?
□ Zoologischer Garten.

Übungen
1. Sie sind hier fremd.
Muster 1: ○ *Verzeihen Sie*, wo ist hier ein Telefon?
  □ Hier gibt es keins.
Muster 2: ○ *Entschuldigen Sie*, ich suche das Telefon.
  □ Gleich rechts um die Ecke.

Jetzt üben Sie bitte nach den Mustern 1 und 2:
a) das Telefon   d) der Zeitungsstand
b) die Tankstelle   e) die Bank
c) der Getränkeautomat f) das Reisebüro

2. Sie sind zum ersten Mal hier.

Muster 1: ○ *Verzeihung*, wissen Sie, wo man hier den Wagen parken kann?
　　　　　□ Gleich links um die Ecke.

Muster 2: ○ *Entschuldigung*, wo kann ich hier den Wagen parken?
　　　　　□ Hier kann man nirgends parken.

Jetzt üben Sie bitte nach den Mustern 1 und 2:
a) der Wagen – parken
b) das Gepäck – unterstellen
c) das Geld – wechseln
d) das Telegramm – aufgeben
e) das Briefpapier – kaufen
f) das Taxi – bestellen

Aufgaben

Sie sind ein höflicher Mensch. Was sagen Sie in folgenden Situationen?

a) In der Bahnhofsgaststätte: Sie möchten sich hinsetzen. An einem Tisch ist noch ein Stuhl frei.
b) Sie brauchen Feuer. Der Herr neben Ihnen raucht.
c) Am Fahrkartenschalter: Sie haben es eilig. Sie bitten die Anstehenden vor Ihnen, Sie vorzulassen.
d) Im Zugabteil: Sie wollen wissen, ob der Platz am Fenster noch frei ist.
e) Es zieht. Sie möchten das Fenster zumachen.
f) Sie suchen den Reiseleiter. Das könnte der junge Mann dort mit den Programmen unter dem Arm sein.
g) Auf dem Flughafen: Sie brauchen einen Gepäckträger.
h) In der U-Bahn: Sie möchten wissen, welches die nächste Station ist.
i) Bei einem Vortrag: Der Vortragende spricht zu leise.
j) Im Hotel: Ihre Nachbarin macht zu viel Lärm.

Im Theater: Der Vorhang geht auf. Die Vorstellung beginnt. Der Herr in der fünften Reihe wird unruhig. Zwei Damen vor ihm unterhalten sich unaufhörlich.
Herr: *"Verzeihen Sie*, wenn ich Sie störe, aber so geht das nicht, ich kann nichts verstehen."
Dame: "Sie sollen auch nichts verstehen, unser Gespräch ist rein privat."

Wir bitten um einen Gegenstand 2A

○ Kannst du	mir ...	zeigen?	○ Darf ich	... haben?
Können Sie		*leihen?*	*Dürfte ich*	
Könntest du		*geben?*	*Kann ich*	
Könnten Sie			*Könnte ich*	
Würdest du				
Würden Sie				

○ Hast du ...?		○ Gib	mir ...!
Haben Sie ...?		*Geben Sie*	
Hättest du ...?		*Leih*	
Hätten Sie ...?		*Leihen Sie*	

Beispiel 1
Vor dem Theaterbesuch: Sie möchten ein Opernglas mitnehmen und bitten eine Freundin:
○ Du, Anna, *kannst du* mir ein Opernglas leihen?
□ Na klar!

Beispiel 2
Im Theater: Sie haben kein Programm und bitten Ihren Nachbarn:
○ *Darf ich* bitte mal Ihr Programm haben?
□ Aber sicher.

Übungen

In der Klasse:

Muster 1: ○ Du, *kannst du* mir mal den Radiergummi geben?
           □ Da liegt er doch.
Muster 2: ○ *Darf ich* mal Ihren Radiergummi haben?
           □ Einen Augenblick, ich brauche ihn gerade.
Muster 3: ○ Entschuldigen Sie, Herr Schulz, *haben Sie* vielleicht einen Radiergummi?
           □ Leider habe ich hier keinen.
Muster 4: ○ Du, *gib* mir doch mal den Radiergummi!
           □ Einen Augenblick noch, ich brauche ihn gerade.

Jetzt üben Sie bitte nach den Mustern 1 bis 4:

a) der Radiergummi
b) die Schere
c) das Lineal
d) der Taschenrechner
e) das Wörterbuch
f) der Rotstift

Aufgaben

1. Sie brauchen verschiedene Dinge. Was sagen Sie in folgenden Situationen?

a) Sie wollen ein Wort im Wörterbuch nachschlagen.
b) Ihnen fehlt eine Briefmarke.
c) Sie suchen ein 50-Pfennig-Stück.
d) Sie finden Ihre Schere nicht.
e) Ihr Schreibpapier ist aufgebraucht.
f) Ihr Notizblock ist voll.
g) Ihr Kugelschreiber schreibt nicht mehr.
h) Zum Korrigieren brauchen Sie einen Rotstift.
i) Ihr Feuerzeug funktioniert nicht mehr.
j) Sie haben starke Kopfschmerzen.

2. Erbitten Sie eine Reihe anderer Gegenstände Ihrer Wahl (Duzen oder Siezen Sie Ihren „Gesprächspartner" der Situation entsprechend.)

Wir reagieren auf eine Bitte um einen Gegenstand   2B

a) positiv

☐ *(Na) klar!*	☐ *Selbstverständlich!* *Natürlich!*	☐ *Bitte schön!* *Hier bitte!*
☐ *(Ja) gerne!*	☐ *(...) sofort!*	

Beispiel 1
Unter Freunden:
○ Du, Peter, darf ich mal dein Fahrrad ausleihen?
☐ *Na klar!*

Beispiel 2
Sie haben Ihren Regenschirm vergessen:
○ Frau Naumann, könnten Sie mir Ihren Regenschirm leihen?
☐ *Selbstverständlich!*

Übungen
1. Bei einer Nachbarin:
Muster 1: ○ Du, Ilse, darf ich mal deinen Rasenmäher ausleihen?
☐ *Na klar!* Aber vergiß nicht, ihn bald zurückzubringen.
Muster 2: ○ Frau Möller, könnten Sie mir wohl Ihren Rasenmäher leihen?
☐ *Selbstverständlich*, der steht dort in der Ecke. Nehmen Sie ihn ruhig!

Jetzt üben Sie bitte nach den Mustern 1 und 2:
a) der Rasenmäher   c) die Gartenschere
b) der Rasensprinkler   d) die Gießkanne

2. Im Restaurant:
Muster 1: ○ Herr Ober, kann ich bitte eine Gabel haben?
   □ *Bitte schön!*
Muster 2: ○ Herr Ober, würden Sie uns noch eine Gabel bringen?
   □ *Aber gerne!*
Muster 3: ○ Herr Ober, hier fehlt noch eine Gabel!
   □ *Kommt sofort!*

Jetzt üben Sie bitte nach den Mustern 1 bis 3:
a) die Gabel
b) das Messer
c) der Löffel
d) der Teller
e) die Tasse
f) die Serviette
g) das Weinglas
h) die Untertasse

Aufgaben

1. Sie können helfen und tun es gern. Was sagen Sie?
Ihr Nachbar bittet Sie:
a) Haben Sie vielleicht einen Schraubenzieher?
b) Würden Sie mir Ihre Bohrmaschine leihen?
c) Könnten Sie mir bitte eine Zitrone geben?
d) Leihen Sie mir mal Ihren Staubsauger?
e) Darf ich mal in Ihre Zeitung schauen?
f) Haben Sie vielleicht ein Wörterbuch?

2. *Wann antwortet man so?*
a) ○ ... (der Kugelschreiber)?
   □ Gerne, da hast du ihn.
b) ○ ... (das Auto)?
   □ Na klar!
c) ○ ... (die Suppe)?
   □ Bitte schön, bedienen Sie sich.
d) ○ ... (die Schere)?
   □ Du bekommst sie sofort.
e) ○ ... (das 50-Pfennig-Stück)?
   □ Selbstverständlich, hier ist eins.

3. *Reagieren Sie (positiv) auf die Bitten, die Sie in den Aufgaben des Kapitels 2 A formuliert haben.*

b) negativ

□ *(Es) tut mir leid*, ich habe ...

□ *Leider* habe ich ...

□ *Ich fürchte*, es ist ...

Beispiel 1
Vor dem Briefmarkenautomaten:
○ Kurt, könntest du mir eine Mark leihen?
□ *Tut mir leid*, ich habe gar kein Geld bei mir.

Beispiel 2
Vor der Abreise:
○ Frau Möller, könnten Sie uns vielleicht einen großen Koffer leihen?
□ *Leider* habe ich auch keinen.

2B Wir reagieren auf eine Bitte um einen Gegenstand

Übungen

1. Es regnet.

Muster 1: ○ Du, Helga, kannst du mir deinen Regenmantel leihen?
　　　　　□ *Tut mir leid*, der ist in der Reinigung.
Muster 2: ○ Du, Helga, ich brauche einen Regenmantel.
　　　　　□ *Leider* finde ich meinen nicht. Wahrscheinlich ist er in der Reinigung.

Jetzt üben Sie bitte nach den Mustern 1 und 2:
a) der Regenmantel – die Reinigung
b) der Anorak – die Waschmaschine
c) die Lederstiefel – der Schuster
d) die Gummistiefel – der Keller
e) die Windjacke – die Reinigung
f) das Kopftuch – die Wäsche

2. Im Lebensmittelgeschäft:

Muster 1: ○ Außerdem möchte ich noch ein Pfund Rindfleisch.
　　　　　□ *Ich fürchte*, es ist keins mehr da.
Muster 2: ○ Geben Sie mir noch ein Pfund Rindfleisch, bitte.
　　　　　□ *Leider* haben wir keins mehr.

Jetzt üben Sie bitte nach den Mustern 1 und 2:
a) ein Pfund Rindfleisch
b) ein Stück Pflaumenkuchen
c) ein Glas Erdbeermarmelade
d) ein Päckchen Pudding
e) 250 g Käse
f) ein Kilo Pflaumen

Aufgaben

1. Sie können leider nicht helfen. Was sagen Sie?
a) Du, Inge, ich brauche mal dein Fahrrad.
b) Herr Knolle, dürfte ich Ihre Schreibmaschine benutzen?
c) Frau Thiele, haben Sie einen guten Kriminalroman?
d) Du, Fritz, könntest du mir mal deine Gitarre borgen?
e) Tante Ilse, darf ich deine Reisetasche nehmen?

2. Reagieren Sie (negativ) auf die Bitten in den Aufgaben des Kapitels 2A und 2Ba (Aufgabe 1).

Wir bitten um Information 3A

○ *Weißt du,* *Wissen Sie,*		wann der Bus kommt?	
○ *Kannst du* *Können Sie* *Könntest du* *Könnten Sie* *Würdest du* *Würden Sie*	*mir*	*zeigen,* *sagen,*	wo die Kasse ist? wann der Bus kommt?
○ *Ich hätte gerne gewußt,* *Ich möchte (gerne) wissen,*		wohin Sie gehen.	
○ *Sag (mal),* *Sagen Sie,*		wo ist die Kasse?	

Beispiel 1
Sie haben Ihren Bus verpaßt und fragen einen Wartenden:
○ *Wissen Sie zufällig,* wann der nächste Bus kommt?
□ In fünf Minuten.

Beispiel 2
Auf dem Bahnhof:
○ *Können Sie mir sagen,* wo hier die Schließfächer sind?
□ Vorne rechts.

Übungen

1. Sie sind zum erstenmal hier.

Muster 1: ○ *Wissen Sie* zufällig, wie ich zur Bushaltestelle komme?
 □ Kommen Sie, ich zeige sie Ihnen.
Muster 2: ○ *Können Sie mir sagen*, wo hier die Bushaltestelle ist?
 □ Leider nein.

Jetzt üben Sie bitte nach den Mustern 1 und 2:
a) die Bushaltestelle
b) der Taxistand
c) das Museum
d) die U-Bahn-Station
e) das Rathaus
f) die Universität

2. Sie wissen nicht Bescheid.

Muster 1: ○ *Ich hätte gerne gewußt*, bis wann die Post geöffnet hat.
 □ Das weiß ich leider auch nicht.
Muster 2: ○ *Sag mal*, bis wann hat die Post geöffnet?
 □ Keine Ahnung!

Jetzt üben Sie bitte nach den Mustern 1 und 2:
a) bis wann – die Post – geöffnet haben
b) woher – der Zug – kommen
c) wohin – der Bus – fahren
d) wann – das Café – aufmachen
e) wo – der Informationsschalter – sich befinden
f) wann – die Modenschau – beginnen

Aufgaben

1. Sie möchten wissen ... Was sagen Sie in folgenden Situationen?
a) Sie suchen eine öffentliche Fernsprechzelle.
b) Sie möchten zum Hotel Astoria.
c) Sie möchten wissen, wo Sie einen Wagen mieten können.
d) Sie möchten wissen, wie Sie zur Stadtmitte kommen.

2. *Sie möchten an einem Sprachkurs (Tenniskurs, Fortbildungskurs usw.) teilnehmen und erkundigen sich nach*
a) dem Beginn,
b) dem Ort,
c) der Dauer,
d) der Teilnehmerzahl,
e) dem Niveau,
f) dem Preis usw.

„*Können Sie mir bitte sagen*, wie ich zum Bahnhof komme?"
„Haben Sie ein Auto?"
„Nein."
„Dann gehen Sie am besten zu Fuß!"

Wir reagieren auf eine Bitte um Information 3B

a) positiv

| ☐ *Natürlich ...* | ☐ *Freilich ...* |
| *Selbstverständlich ...* | *Gewiß ...* |

☐ *Das kann ich* | *dir* | *sagen ...*
                     | *Ihnen* | *erklären ...*
                     | | *zeigen ...*

Beispiel 1
Auf der Straße:
○ Können Sie mir sagen, warum hier so viele Menschen zusammengelaufen sind?
☐ *Natürlich*, hier spielt gleich ein Straßentheater.

Beispiel 2
Im Fußballstadion:
○ Wissen Sie zufällig, woher der Schiedsrichter kommt?
☐ *Freilich.* – Er kommt aus Spanien.

Übungen

Auf dem Flugplatz:
- Muster 1: ○ Können Sie mir sagen, wann das Flugzeug aus Madrid ankommt?
  □ *Natürlich*, in etwa einer Stunde.
- Muster 2: ○ Sagen Sie bitte, ist das Flugzeug aus Madrid schon angekommen?
  □ *Freilich*, es ist soeben angekommen.
- Muster 3: ○ Wissen Sie zufällig, wann das Flugzeug aus Madrid angekommen ist?
  □ *Das kann ich Ihnen* ganz genau *sagen*, um dreizehn Uhr fünf.

Jetzt üben Sie bitte nach den Mustern 1 bis 3:
a) das Flugzeug aus Madrid – ankommen
b) die Maschine aus Berlin – abfliegen
c) der Charterflug aus Las Palmas – eintreffen
d) das Privatflugzeug – starten
e) der Jet aus Marokko – landen
f) die Sondermaschine aus Hamburg – weiterfliegen

Aufgaben

1. Sie geben gern Auskunft. Was sagen Sie?
a) Können Sie mir den Weg zum Flughafen zeigen?
b) Würden Sie mir bitte erklären, wie ich am schnellsten zum Stadion komme?
c) Wissen Sie, wo man hier ausländische Zeitungen bekommt?
d) Ich hätte gern gewußt, um wieviel Uhr der Vortrag beginnt.
e) Ich möchte gern wissen, wann dieses Denkmal errichtet wurde.
f) Kannst du mir sagen, ob die Picasso-Ausstellung noch läuft.
g) Weißt du zufällig, wo man hier einen Ausstellungskatalog bekommt?
h) Wissen Sie, von wem dieses Gebäude errichtet wurde?

i) Können Sie mir sagen, wo man eine Fahrkarte für die Stadtrundfahrt bekommt?
j) Entschuldigung, ich möchte gerne wissen, wann die nächste Schloßführung beginnt.

2. *Reagieren Sie (positiv) auf die Fragen, die Sie in den Aufgaben des Kapitels 3 A formuliert haben.*

3. *Die Polizei will verschiedenes über den Bankräuber wissen. Sie haben ihn gesehen. Ein Polizeibeamter fragt Sie nach*
a) der Größe,
b) der Kleidung,
c) der Gangart,
d) der Haar- und Augenfarbe,
e) besonderen Kennzeichen usw.

b) negativ

| ☐ *(Tut mir leid,)* | *das kann ich* | *dir* / *Ihnen* | *auch nicht sagen.* |

das weiß ich (leider) auch nicht.

☐ *Keine Ahnung ...*   ☐ *Woher soll ich das wissen!*

3B Wir reagieren auf eine Bitte um Information

Beispiel 1
An der Haltestelle:
○ Wissen Sie vielleicht, welche Straßenbahn zur Gartenausstellung fährt.
□ *Tut mir leid, das kann ich Ihnen auch nicht sagen.*

Beispiel 2
Vor dem Fernseher:
○ Peter, in welchem Programm kommt denn heute die nächste Folge der neuen Serie?
□ *Keine Ahnung*, schau doch mal in die Programmzeitschrift.

Übungen
Im Flugzeug:
Muster 1: ○ Entschuldigen Sie, wann wird das Essen serviert?
  □ *Das kann ich Ihnen auch nicht sagen*, aber ich glaube, es kann nicht mehr lange dauern.
Muster 2: ○ Du, Michael, wann wird denn endlich das Essen serviert?
  □ *Keine Ahnung*, frag doch die Stewardeß.
Muster 3: ○ Hör mal, Karin! Wird auf Inlandflügen denn kein Essen serviert?
  □ *Woher soll ich das wissen!* Du weißt doch, daß ich so selten fliege.

Jetzt üben Sie bitte nach den Mustern 1 bis 3:
a) das Essen servieren
b) die Getränke bringen
c) die Zeitungen austeilen
d) die zollfreien Zigaretten verkaufen
e) die Kopfhörer verteilen
f) den Film zeigen

Aufgaben

1. Sie haben keine Ahnung. Was sagen Sie?
a) Kurt, weißt du, wo meine Autoschlüssel sind?
b) Anna, ich habe wieder mal meine Brille verlegt.
c) Wo ist nur mein Füller?
d) Ich finde wieder einmal meine Wochenkarte nicht. Hast du sie nicht gesehen?
e) Gabi, hast du meine Handschuhe gesehen?
f) Gisela, wo hab' ich nur meine Uhr hingelegt?
g) Ich finde Helmuts neue Telefonnummer nicht. Weißt du sie vielleicht?
h) Wer hat wieder mal meine Schere genommen?

2. Ihre Freundin/Ihr Freund stellt Fragen aus den Bereichen der
a) Geographie,   b) Literatur,   c) Geschichte.
Sie wissen nicht Bescheid. Reagieren Sie entsprechend.

3. Reagieren Sie (negativ) auf die Fragen, die Sie in den Aufgaben des Kapitels 3 A formuliert haben. Geben Sie ebenfalls negative Antworten auf die Fragen der Aufgaben 1 und 3 in Kapitel 3 B a.

c) unsicher

☐ *Ich bin nicht ganz sicher, aber* ich glaube ...

☐ *Soviel ich weiß*, soll es ...

☐ *Wenn ich mich* | *recht erinnere,* | gibt es ...
| *nicht täusche,* |
| *nicht irre,* |
Wenn mich mein Gedächtnis nicht täuscht,

☐ *Soweit* | *mir bekannt ist,* | ist er ...
| *ich informiert bin,* |

3B Wir reagieren auf eine Bitte um Information

Beispiel 1
Im Stadtzentrum:
○ Könnten Sie mir sagen, ob es hier in der Nähe einen Blumenladen gibt?
□ *Ich bin nicht ganz sicher, aber* ich glaube, Sie finden einen in der Fußgängerzone.

Beispiel 2
Vor dem Ausflug:
○ Glaubst du, daß sich das Wetter bessert?
□ *Soviel ich weiß*, soll es auch morgen regnen.

Übungen
Nach dem Film:
Muster 1: ○ Sag mal, wann ist eigentlich dieser Film gedreht worden?
□ *Ich bin nicht ganz sicher, aber* ich glaube, im letzten Jahr.
Muster 2: ○ Weißt du, wann dieser Film gedreht worden ist?
□ *Soviel ich weiß*, ist er im letzten Jahr gedreht worden.
Muster 3: ○ Du, der Film war wirklich faszinierend. Wann ist er eigentlich gedreht worden?
□ *Wenn ich mich nicht täusche*, im letzten Jahr.
Muster 4: ○ Wissen Sie zufällig, wann der Film gedreht worden ist?
□ *Soweit mir bekannt ist*, im letzten Jahr.

Jetzt üben Sie bitte nach den Mustern 1 bis 4:
a) wann – Film drehen – im letzten Jahr
b) wo – Film inszenieren – in Kalifornien
c) wer – Drehbuch schreiben – Polanski
d) wann – Film uraufführen – beim Filmfestival in Cannes
e) wie lange – Drehzeiten gedauert haben – über ein Jahr

Aufgaben

1. Sie sind nicht ganz sicher. Was sagen Sie?

Jemand möchte Ihre Freundin/Ihren Freund im Krankenhaus besuchen und erkundigt sich bei Ihnen,

a) auf welcher Station sie/er liegt,
b) welche Zimmernummer sie/er hat,
c) zu welchen Zeiten man sie/ihn besuchen kann,
d) ob man sie/ihn anrufen kann,
e) was sie/er essen darf,
f) ob sie/er schon aufstehen darf.

2. Sie wissen nicht genau Bescheid und reagieren unsicher.

Man fragt Sie,

a) ob das Souvenirgeschäft im Hotel auch abends geöffnet hat.
b) ob man im Kaufhaus am Alten Markt Sandalen kaufen kann.
c) ob es in dem Kiosk am Bahnhof Fotoartikel gibt.
d) ob man bei Barzahlung im Hotel einen Rabatt bekommt.
e) ob man in den Restaurants Reiseschecks annimmt.
f) ob man in der Cafeteria abends auch noch etwas Warmes zu essen bekommt.
g) wann am nächsten Morgen eine Stadtrundfahrt stattfindet.

3. Reagieren Sie (unsicher) auf die Fragen in den Aufgaben der Kapitel 3A, 3Ba (Aufgaben 1 und 3) und 3Bb (Aufgaben 1 und 2).

4A Wir bitten um eine Erklärung

○ Kannst du Können Sie Könntest du Könnten Sie	mir	erklären, sagen, zeigen,	wie ...	funktioniert? macht? kommt?
○ Ich möchte (gern) wissen, Ich hätte gern gewußt,			wie ...	funktioniert. macht. kommt.
○ Erklär Erklären Sie Zeig Zeigen Sie Sag Sagen Sie	mir	(doch), (mal),	wie ...	funktioniert. macht. kommt.
○ Weißt du Wissen Sie		(zufällig), (vielleicht),	wie ...	funktioniert? macht? kommt?

Beispiel 1
Ihr Freund hat einen neuen Computer. Sie verstehen wenig von Computern und fragen:
○ *Kannst du mir mal zeigen*, was man damit alles machen kann?
□ Na klar!

Beispiel 2
Sie sehen im Kaufhaus eine neuartige Espressomaschine und sprechen einen Verkäufer an:
- ○ Also dieses Gerät interessiert mich. *Ich möchte mal gerne wissen*, wie es funktioniert.
- □ Moment, ich führe es Ihnen gleich vor.

Übungen
In der Firma:
Muster 1: ○ Herr Fischer, *können Sie mir vielleicht sagen*, wie man dieses neue Formular ausfüllt?
□ Natürlich, ich zeig's Ihnen gleich nach der Pause.
Muster 2: ○ Frau Schuster, *ich möchte gern mal wissen*, wie man dieses neue Formular ausfüllt.
□ Das ist ganz einfach! Ich zeig's Ihnen sofort.
Muster 3: ○ Du, Sylvia, *zeig mir doch mal*, wie man das neue Formular ausfüllt.
□ Das weiß ich auch nicht. Frag doch unsere Abteilungsleiterin.
Muster 4: ○ *Weißt du zufällig*, wie man dieses neue Formular ausfüllt?
□ Keine Ahnung!

Jetzt üben Sie bitte nach den Mustern 1 bis 4:
a) das neue Formular – ausfüllen
b) die Statistik – lesen
c) eine Reklamation – formulieren
d) das Diktiergerät – benutzen
e) das Kopiergerät – bedienen
f) eine Karteikarte – anlegen

4A Wir bitten um eine Erklärung

Aufgaben

1. Sie bitten um Erklärung. Was sagen Sie in folgenden Situationen?
a) Sie wissen nicht, wie man das Zelt aufschlägt.
b) Sie wissen nicht, wie man den Gartentisch aufklappt.
c) Sie wissen nicht, wie der Propangas-Kocher funktioniert.
d) Sie haben noch nie eine Petroleumlampe angezündet.
e) Sie wollen zum ersten Mal mit einem Computer-Programm arbeiten, das ihre Kollegin schon seit längerer Zeit benutzt.

2. Sie beneiden Ihren Freund und möchten ihm nacheifern. Was sagen Sie?
a) Sein Garten ist eine Pracht.
b) Sein Auto ist immer in einem tadellosen Zustand.
c) Er spielt sehr gut Tennis. Sein Aufschlag ist sicher und hart.
d) Er ist in sehr guter körperlicher Verfassung.
e) Er ist über alle wichtigen politischen Ereignisse informiert.

3. Was sagen Sie?
Sie brauchen Hilfe
a) bei den Hausaufgaben,
b) beim Gebrauch des Wörterbuchs,
c) beim Klavierspielen,
d) beim Ausfüllen des Lottoscheins usw.

Die „beste Art"
Auf einem Bankett saß der bekannte amerikanische Schriftsteller Ernest Hemingway neben einem lästigen Geschäftsmann, der sich bemühte, ein Gespräch mit ihm anzuknüpfen.
„Könnten Sie mir bitte erklären, welches die beste Art zu schreiben ist?" fragte er den Dichter. „Von links nach rechts!" brummte Hemmingway.

Wir reagieren auf eine Bitte um eine Erklärung 4B

a) positiv

> ☐ *Das ist doch (gar) kein Problem*, ich zeige ...
>
> ☐ *Das ist doch ganz* | *einfach,* | ich zeige ...
> | *leicht,* |
>
> ☐ *Das ist doch (gar) nicht* | *schwer,* | ich zeige ...
> | *kompliziert,* |
>
> ☐ *Schau (bitte) her ...!*   *Schauen Sie (bitte) her ...!*
>   *Paß (bitte) auf ...!*   *Passen Sie (bitte) auf ...!*
>   *Hör (bitte) zu ...!*   *Hören Sie (bitte) zu ...!*

Beispiel 1
In der HiFi-Abteilung eines Kaufhauses:
○ Können Sie mir sagen, wie man diesen Plattenspieler bedient?
☐ *Das ist doch kein Problem*, ich zeige es Ihnen gern.

Beispiel 2
- ○ Du, Werner, kannst du mir mal zeigen, wie man bei dieser Kamera den Film einlegt?
- □ *Das ist doch ganz einfach*, gib mal her!

Übungen

Unter Freunden:

Muster 1: ○ Sag mal, Walter, wie schließt man denn diesen Videorecorder an.
　　　　　□ *Das ist gar kein Problem.* Ich erklär's dir, aber du solltest auch die Gebrauchsanweisung einmal in Ruhe lesen.

Muster 2: ○ Du, Hans, weißt du, wie man diesen Videorecorder anschließt?
　　　　　□ *Das ist doch ganz einfach!* Hast du die Gebrauchsanweisung schon gelesen?

Muster 3: ○ Ich hätte gern noch gewußt, wie man diesen Videorecorder anschließt.
　　　　　○ *Das ist gar nicht so schwer!* Ich erklär' es Ihnen mal, anschließend können Sie dann die Gebrauchsanweisung lesen.

Muster 4: ○ Wie schließt man denn diesen Videorecorder an?
　　　　　□ *Schau her*, das ist doch ganz einfach! Warum liest du auch nie die Gebrauchsanweisung!

Jetzt üben Sie bitte nach den Mustern 1 bis 4:

a) den Videorecorder anschließen – die Gebrauchsanweisung lesen
b) das Computer-Programm laden – das Handbuch lesen
c) den Film in die Kamera einlegen – die Anleitung durchlesen
d) den CD-Spieler programmieren – sich die Gebrauchsanweisung ansehen
e) die Waschmaschine bedienen – in die Bedienungsvorschrift hineinschauen

Aufgaben

1. Ihr Freund betrachtet Ihre neue Stereoanlage und möchte wissen, wie folgende Bedienungselemente funktionieren:
a) der Lautstärkeregler
b) der Höhen- und Tiefenregler
c) die Stereo-/Monotaste
d) der Kopfhörer
e) die Stationstasten
f) der Balance-Regler
g) die Senderwahl

2. Reagieren Sie (positiv) auf die Fragen, die Sie in den Aufgaben des Kapitels 4A formuliert haben.

Karl Valentin, der Münchner Volkskomiker, wurde einmal gefragt: „Sagen Sie, wie schreibt man eigentlich Witze?" – „Ach, *das ist ganz leicht*", antwortete Valentin. „Sie nehmen einfach ein Blatt Papier, eine Feder und Tinte – ein Bleistift genügt auch – und wenn Ihnen etwas einfällt, dann schreiben Sie es nieder; das Schreiben ist leicht, nur das Einfallen ist schwer."

b) negativ

☐ *(Es tut mir leid),* *(Also),*	*da bin ich überfragt ...*	
	das weiß *das kenne* *das verstehe* *das kann ich*	*ich (leider) auch nicht.*
	da kann ich	*Dir* *Ihnen*	*auch nicht helfen ...*
☐ *Keine Ahnung ...*		

Beispiel 1

In der Firma:
○ Kann man mit diesem Kopierer auch vergrößern und verkleinern?
□ *Also, da bin ich nun wirklich überfragt.*

Beispiel 2

In der Küche:
○ Erklär mir doch mal, wie man den Mikrowellenherd einstellt.
□ *Keine Ahnung,* wie das funktioniert.

Übungen

Unter Freunden:
Muster 1: ○ Du, Wolfgang, kannst du mir erklären, wie man mit diesem Elektronenmikroskop arbeitet?
  □ *Also da bin ich nun wirklich überfragt,* mit einem Elektronenmikroskop habe ich noch nie gearbeitet.
Muster 2: ○ Du, Hermann, weißt du, wie man mit einem Elektronenmikroskop arbeitet?
  □ *Keine Ahnung!*
Muster 3: ○ Herr Meyer, können Sie mir zeigen, wie man mit diesem Elektronenmikroskop arbeitet?
  □ *Tut mir leid, das weiß ich auch nicht.*

Jetzt üben Sie bitte nach den Mustern 1 bis 3:
a) das Elektronenmikroskop – arbeiten (mit)
b) das Mikrofon – einstellen
c) der Transformator – anschließen
d) das Schaltpult – bedienen
e) die Batterie – wechseln

Aufgaben

1. Sie können nicht helfen. Was sagen Sie?
Unter Freunden:
a) Kannst du mir erklären, wie man den Videorecorder programmiert?
b) Weißt du zufällig, wie man die Nähmaschine bedient?
c) Zeig doch mal, wie man die Stereoanlage einschaltet.
d) Ich möchte gerne wissen, wie man den Fernsehapparat einstellt.
e) Könntest du mir zeigen, wie man die Espressomaschine benutzt?
f) Zeig mir doch mal, wie man die Kassette in diesen Recorder einlegt.

2. Reagieren Sie (negativ) auf die Fragen, die Sie in den Aufgaben des Kapitels 4 A formuliert haben.

3. Ihre Freundin/Ihr Freund möchte folgende Spiele lernen:

a) Dame	e) Domino
b) Schach	f) Halma
c) Mensch-ärgere-dich-nicht!	g) Skat
d) Rommé	h) Monopoly

Auch Sie beherrschen diese Spiele nicht und reagieren negativ auf ihre/seine Bitten um Erklärung.

„Vati, kannst du mir erklären, was ein Vakuum ist?" – *„Tut mir leid"*, sagt der Vater nachdenklich, „ich hab's im Kopf, *aber ich kann es dir nicht recht erklären."*

5 Wir fragen nach unbekannten Ausdrücken

> ○ *Was bedeutet (eigentlich) ... ?*
> *Was versteht man (eigentlich) unter ... ?*
> *Was ist (eigentlich) ... ?*
>
> ○ *Wie spricht man ... aus?*
>
> ○ *Wie heißt das auf deutsch?*
> *Was sagt man für ... ?*
> *Wie übersetzt man ... ?*
>
> ○ *Was ist das Gegenteil von ... ?*
>
> ○ *Ist das Wort ... gleichbedeutend mit ... ?*
>
> ○ *Was ist der Unterschied zwischen ... ?*

Beispiel 1
Im Deutschunterricht fragen Sie Ihren Lehrer:
○ Und *was bedeutet* das Wort „Kalauer"?
□ Das ist ein albernes Wortspiel.

Beispiel 2
○ Ich habe ein Frage.
□ Ja bitte, Herr Evans.
○ *Wie spricht man* dieses Wort hier *aus?*
□ Zeigen Sie mal! –
„Unterrichtsstunde".
Bitte wiederholen Sie.

Übungen

Im Deutschunterricht:

Muster 1: ○ *Was bedeutet eigentlich* das Wort „Lederjacke"?
  □ Das ist eine Jacke, die aus Leder gemacht ist.
Muster 2: ○ Können Sie mir sagen, *wie man* dieses Wort hier *ausspricht?*
  □ „Lederjacke". Wiederholen Sie bitte mal!
Muster 3: ○ Ich habe eine Frage. *Wie heißt das auf deutsch?*
  □ Das ist eine „Lederjacke".

Jetzt üben Sie bitte nach den Mustern 1 bis 3:

a) die Lederjacke
b) die Seidenbluse
c) der Mahagonischrank
d) die Gummischuhe
e) der Goldring
f) die Baumwollsocken

Muster 4: ○ *Was ist eigentlich das Gegenteil von* „Tag"?
  □ „Nacht".

Jetzt üben Sie bitte nach Muster 4:

a) der Tag – die Nacht
b) das Leben – der Tod
c) schön – häßlich
d) gut – böse
e) heiß – kalt
f) schwarz – weiß
g) der Fortschritt – der Rückschritt
h) groß – klein

Muster 5: ○ *Ist das Wort* „Medikament" *gleichbedeutend mit* „Arzneimittel"?
  □ Ich glaube schon. Schau doch mal im Synonym-Wörterbuch nach.

Jetzt üben Sie bitte nach Muster 5:

a) das Medikament – das Arzneimittel
b) die Grazie – die Anmut
c) das Telefon – der Fernsprecher
d) schon – bereits
e) die Raumpflegerin – die Putzfrau
f) der Fleischer – der Metzger
g) der Sonnabend – der Samstag
h) das Zimmer – der Raum

Muster 6: ○ Du, Udo, *was ist denn der Unterschied zwischen einem Motorroller und einem Motorrad?*
           □ Weiß ich auch nicht, frag doch den Lehrer!

Jetzt üben Sie bitte nach Muster 6:
a) der Motorroller – das Motorrad
b) das Heft – das Buch
c) das Lexikon – das Wörterbuch
d) die Jacke – der Mantel
e) der Garten – der Park

Aufgaben
1. Üben Sie im Dialog.
a) ○ ... unter einem „dickfelligen Menschen"?
   □ (ein Mensch, der nicht empfindlich ist)
b) ○ ... zwischen einem PKW und einem LKW?
   □ (PKW = Personenkraftwagen: ein zur Beförderung von Personen gebauter Wagen; LKW = Lastkraftwagen: ein zum Transport von Gütern gebauter Wagen)
c) ○ ... das Wort „Untersuchung" / „immatrikulieren" / „nagelneu" in Ihrer Muttersprache?
   □ (...)
d) ○ ... von „Sieg" / „abnehmen" / „scharf"?
   □ (Niederlage / zunehmen / stumpf)
e) ○ ... „Angeber" / „würzen" / „hellseherisch"?
   □ (jemand, der gerne prahlt / etwas schmackhaft machen / zukünftige, weit entfernte Ereignisse sehen)

2. Fragen Sie nach der Bedeutung und der Aussprache folgender Begriffe:
a) die Parkuhr
b) der Zebrastreifen
c) die Verkehrsinsel
d) der Bürgersteig
e) die Verkehrsampel
f) die Fußgängerzone
g) der Taxistand
h) die Reklametafel
i) die Bahnunterführung

Wir erkundigen uns nach dem Namen einer Person oder eines Gegenstandes 6

> ○ Wie | hieß ...?   ○ Wie | ist | der Name ...?
> | heißt ...? | war |
>
> ○ *Ich habe vergessen,*   *wie ...* | *hieß.*
>   *Ich weiß nicht mehr,* | *heißt.*
>   *Ich entsinne mich nicht mehr,*
>   *Ich erinnere mich nicht mehr,*
>   *Es ist mir entfallen,*
>
> ○ *Kannst du dich erinnern,*   *wie ...* | *heißt?*
>   *Können Sie sich erinnern,* | *hieß?*
>   *Weißt du noch,*
>   *Wissen Sie noch,*
>
> ○ *Wie nennt man (doch gleich) ...?*
>   *Was sagt man für ...?*

Beispiel 1

Im Musikgeschäft: Sie wollen eine Schallplatte kaufen, haben aber den Namen der Sängerin vergessen.

○ *Wie hieß doch gleich* die berühmte Sopranistin, die in der letzten Saison am Staatstheater gastierte?

□ Moment, ich frage mal meine Kollegin.

Beispiel 2

○ *Wie war doch gleich der Name* des Schauspielers, der dir so gut gefiel?

□ Ich weiß im Moment wirklich nicht, wen du meinst.

Übungen

1. Nach der Party:

Muster 1: ○ Sag mal, Robert, *wie hieß doch gleich* die Dame?
  □ Welche denn?
  ○ Die blonde, mit dem weißen Kleid.

Muster 2: ○ Du, Robert, *wie war doch gleich der Name* der blonden Dame mit dem weißen Kleid?
  □ Keine Ahnung, der bin ich nicht vorgestellt worden.

Jetzt üben Sie bitte nach den Mustern 1 und 2:
a) blond, die Dame – weiß, das Kleid
b) älter, der Herr – golden, die Brille
c) jung, das Ehepaar – nett, die Kinder
d) schick, der Mann – dunkel, der Anzug
e) witzig, die Engländerin – komisch, die Aussprache
f) reizend, das Mädchen – verliebt, die Augen

2. Sind Sie auch manchmal vergeßlich?

Muster 1: ○ Du, Anne, *ich habe doch tatsächlich vergessen, wie* der Roman von Thomas Mann *hieß.*
  □ Das ist wieder einmal typisch für dich! Dabei hast du ihn doch geschenkt bekommen.

Muster 2: ○ *Können Sie sich erinnern, wie* der Roman *hieß?*
  □ Ach, Sie meinen den Roman von Thomas Mann. Moment, den habe ich doch geschenkt bekommen.

Jetzt üben Sie bitte nach den Mustern 1 und 2:
a) der Roman von Thomas Mann – geschenkt bekommen
b) die Ausstellung im Deutschen Museum – besichtigen
c) der Film über Kuba – sich ansehen
d) das Drama von Borchert – im Theater sehen

Muster 3: ○ *Wie nennt man doch gleich* ein sehr hohes Gebäude?
  □ Wolkenkratzer.

Jetzt üben Sie bitte nach Muster 3:
a) ein sehr hohes Gebäude – der Wolkenkratzer
b) ein Schnellzug, der nur in bestimmten Großstädten hält – der Intercity-Zug
c) ein Anhänger des Yoga – der Yogi
d) der Betreuer eines Berufssportlers – der Manager
e) jemand, der sich durch Selbstunterricht bildet – der Autodidakt

Aufgaben
1. *Üben Sie im Dialog.*
a) ○ ... jemanden, der alles mit der linken Hand macht?
   □ (Linkshänder)
b) ○ ... Kind, das immer am Daumen lutscht?
   □ (Daumenlutscher)
c) ○ ... jemanden, der sich frech benimmt?
   □ (Frechdachs)
d) ○ ... Person, die immer etwas zu kritisieren hat?
   □ (Nörgler)
e) ○ ... Mensch, der leicht aufbraust?
   □ (Hitzkopf)
f) ○ ... Person, die sehr leichtsinnig ist?
   □ (Luftikus)
g) ○ ... Menschen, der verwegen auf sein Ziel losgeht?
   □ (Draufgänger)

2. *Sie haben es gewußt, aber Sie erinnern sich nicht mehr. Betrachten Sie die folgenden Situationen, und fragen Sie einen Freund/ eine ältere Dame:*
a) Den Herrn, der Ihnen dort entgegenkommt, haben Sie gestern abend bei einem Empfang kennengelernt. Sie erinnern sich nicht mehr an seinen Namen.
b) Die neue Kollegin gefällt Ihnen. Sie möchten mit ihr persönlich sprechen, aber sie können sich nicht an ihren Namen erinnern.

c) Sie wollen Ihren Freunden den polnischen Film empfehlen. Ihnen ist aber der Titel entfallen.
d) Das Buch über die Eskimos hat Ihnen sehr gefallen. Wenn Sie sich doch nur an den Verfasser erinnern könnten!
e) Die Melodie des Liedes haben Sie noch im Kopf, aber der Text ist Ihnen entfallen.
f) Endlich haben Sie die Straße, in der der Zahnarzt seine Praxis hat, gefunden. Jetzt fällt Ihnen die Hausnummer nicht mehr ein.
g) Heute soll Ihre neue Putzfrau kommen. Ihnen fällt aber ihr Name nicht mehr ein.

Wir bitten um einen Gefallen 7A

○ Wäre es | dir | möglich, ... zu tun?
         | Ihnen |

○ Sei | so | lieb | und | gib | mir das Glas.
  Seien Sie | | nett | | geben Sie |
                 | gut |

  Tu | mir den Gefallen und | gib | mir ...
  Tun Sie | | geben Sie |

  Würdest du | mir den Gefallen tun und mir ... geben.
  Würden Sie |

○ Kannst du | mir das Glas geben?
  Können Sie |
  Könntest du
  Könnten Sie
  Würdest du
  Würden Sie

○ Es wäre nett, | wenn ...
  Es wäre mir eine große Hilfe,
  Ich wäre | dir | sehr dankbar,
           | Ihnen |

○ Darf ich | dich | bitten, mir das Glas zu geben.
          | Sie |

Beispiel 1
Sie wollen übers Wochenende verreisen und bitten Ihre Nachbarin:
○ Frau Müller, *wäre es Ihnen möglich*, sich am Wochenende um unsere Katze zu kümmern?
□ Aber gerne.

Beispiel 2
○ Du fährst in die Stadt? *Sei doch so gut und* bring mir gleich zwei Karten für das Bachkonzert mit.
□ Für Sonntag- oder Montagabend?

Übungen
Fragen Sie nur immer!
Muster 1: ○ Es ist nun doch etwas kalt. *Wäre es Ihnen möglich*, die Heizung anzustellen?
  □ Aber sicher!
Muster 2: ○ Es ist wirklich kalt. *Sei doch so gut und* stell die Heizung an.
  □ Na klar!
Muster 3: ○ *Kannst du* nicht mal die Heizung anstellen? Es ist kalt.
  □ Warum muß ich immer für dich aufstehen?
Muster 4: ○ *Es wäre sehr nett, wenn* Sie die Heizung anstellen würden. Hier ist es kalt.
  □ Aber natürlich!
Muster 5: ○ *Darf ich Sie noch bitten*, die Heizung anzustellen. Mir ist kalt.
  □ Selbstverständlich!

Jetzt üben Sie bitte nach den Mustern 1 bis 5:
a) es ist kalt – die Heizung anstellen
b) es zieht – die Tür zumachen

c) der Straßenverkehr ist zu laut – die Fenster schließen
d) ich habe es eilig – ein Taxi bestellen
e) ich habe Magenschmerzen – einen Kamillentee machen

Aufgaben
Sie brauchen die Hilfe Ihrer Mitmenschen. Was sagen Sie?
a) Es regnet in Strömen, und Sie müssen Besorgungen machen. Sie finden Ihren Regenschirm nicht und bitten Ihre Schwester:
   ○ Kannst du mir ...
b) Sie haben viel eingekauft und können die Taschen nicht allein tragen. Sie rufen Ihren Mann an und bitten:
   ○ Sei so gut ...
c) Sie wollen Zigaretten am Automaten ziehen. Sie haben kein Kleingeld und bitten einen Passanten:
   ○ ...
d) Sie wollen rauchen. Ihr Feuerzeug funktioniert nicht. Sie bitten den Herrn neben Ihnen:
   ○ ...
e) Zu Hause wartet eine Menge Abwasch auf Sie. Außerdem müssen Sie für den nächsten Tag einen Bericht schreiben. Sie bitten Ihren Freund:
   ○ ...
f) Ihr Hund muß noch ausgeführt werden. Sie sind zu müde und bitten Ihren jüngeren Bruder:
   ○ ...
g) Ihr Hund wird von einem Auto angefahren und muß sofort zum Tierarzt gebracht werden. Sie bitten Ihren Nachbarn:
   ○ ...
h) Das Feuer im Kamin ist ausgegangen. Sie frieren und bitten Ihre Freundin:
   ○ ...

7B Wir reagieren auf eine Bitte um einen Gefallen

a) positiv

> ☐ *Wird gemacht! Das ist doch klar!*
> *Machen wir! Kein Problem!*
> *Na klar!*
>
> ☐ *(Ja)* | *sicher (doch)!* ☐ *Sofort!*
> *(Aber)* | *selbstverständlich!*
> | *freilich!*
> | *natürlich!*
> | *gerne!*

Beispiel 1
○ Du, Georg, würdest du mir vom Kiosk den SPIEGEL mitbringen?
☐ *Wird gemacht!*

Beispiel 2
○ Würden Sie mir meine Jacke aus der Garderobe holen?
☐ *Aber sicher doch!*

Übungen
Am Telefon:
Muster 1: ○ Sag doch meinem Freund bitte, daß ich angerufen habe.
☐ *Wird gemacht!*
Muster 2: ○ Könnten Sie meinem Freund sagen, daß ich etwas später komme?
☐ *Aber sicher!*

Muster 3: ○ Vergessen Sie bitte nicht,
meinem Freund zu sagen,
daß ich etwas später komme.
□ Ich werde es ihm *sofort* sagen.

Jetzt üben Sie bitte nach den Mustern 1 bis 3:
a) mein Freund
b) mein Kollege
c) meine Schwester
d) mein Chef
e) meine Eltern
f) mein Bruder

Aufgaben
1. Sie tun anderen gern einen Gefallen. Was sagen Sie?
a) Gehst du zum Postamt? Könntest du diese Briefe mitnehmen?
b) Du verstehst doch was von Autos. Könntest du mal den Vergaser prüfen?
c) Sie sind doch groß. Könnten Sie mir mal die Schachtel da oben herunterholen?
d) Sie sprechen doch Französisch. Könnten Sie mir diesen Brief übersetzen?
e) Gehen Sie zum Kiosk? Könnten Sie mir eine Wurstsemmel mitbringen?
f) Die Fenster und Türen müssen abgedichtet werden. Könntest du das für mich tun?

2. Reagieren Sie (positiv) auf die Bitten, die Sie in der Aufgabe des Kapitels 7 A formuliert haben.

b) negativ, aber höflich

- ☐ *Tut mir leid, aber* ich habe keine Zeit.

- ☐ *Sei* / *Seien Sie* | *mir nicht böse, aber* ich habe keine Zeit.

- ☐ *Ich fürchte,* | du mußt / Sie müssen | es selbst tun.

- ☐ *Wenn ich könnte, gerne,* / *Ich würde es schon (gerne) tun,* / *Würde ich schon (gerne),* / *Ich möchte schon,* | *aber* ich habe keine Zeit.

Beispiel 1
Im Büro:
- ○ Frau Weiß, seien Sie doch so gut und tippen Sie mir diesen Brief bis zur Mittagspause.
- ☐ *Tut mir leid, aber* ich habe mehr als genug zu tun.

Beispiel 2
Das Wetter ist schlecht:
- ○ Sag mal, Peter, wäre es dir möglich, den Brief für mich einzuwerfen?
- ☐ *Sei mir nicht böse, aber* bei dem Wetter möchte ich auch nicht rausgehen.

Übungen

Unter Nachbarinnen:

Muster 1: ○ Frau Koch, sind Sie so gut und nehmen Sie meinen Mantel mit in die Reinigung.
  □ *Tut mir leid, aber* ich komme heute nicht an der Reinigung vorbei.

Muster 2: ○ Helga, könntest du meinen Mantel von der Reinigung abholen?
  □ *Sei mir nicht böse, aber* heute kann ich wirklich nicht zur Reinigung gehen.

Muster 3: ○ Du, Marianne, nimm doch meinen Mantel mit in die Reinigung.
  □ *Ich fürchte*, du mußt ihn heute selbst hinbringen. Ich habe keine Zeit.

Muster 4: ○ Es wäre mir eine große Hilfe, wenn Sie meinen Mantel in die Reinigung bringen würden.
  □ *Wenn ich könnte, gerne, aber* leider habe ich keine Zeit.

Jetzt üben Sie bitte nach den Mustern 1 bis 4:
a) der Mantel – die Reinigung
b) die Filme – das Fotofachgeschäft
c) die Bücher – die Bücherei
d) das Kleid – der Schneider
e) die Schuhe – der Schuster
f) die Kinder – der Kindergarten
g) die Brille – der Optiker

Aufgaben

1. Sie lehnen höflich ab.
a) Frau Kollmann, würden Sie mir bitte diesen Aufsatz übersetzen?
b) Es wäre nett, wenn Sie mir diesen Artikel bis morgen tippen würden.
c) Könnten Sie diese Seite zehnmal kopieren?
d) Seien Sie bitte so nett und rufen Sie für mich die Auskunft an!

e) Würden Sie während meiner Abwesenheit meine Post für mich in Empfang nehmen?

f) Es wäre mir eine große Hilfe, wenn Sie heute meine Telefonanrufe entgegennehmen würden.

g) Ich wäre dir dankbar, wenn du mir die bestellten Bücher von der Bibliothek abholen würdest.

2. *Lehnen Sie die Bitten in den Aufgaben des Kapitels 7 A und 7 B a (Aufgabe 1) höflich ab.*

c) negativ, weniger höflich

☐ *Das fehlt gerade noch!*	☐ *Kommt nicht in Frage!*
☐ *Fällt mir nicht im Traum ein!*	☐ *Daraus wird nichts!*
☐ *Denkste! Wo* | *denkst du / denken Sie* | *hin!*	

Beispiel 1
Das ist zuviel verlangt:
○ Ich bin diese Woche viel unterwegs. Kannst du dich nicht um die Einkäufe kümmern?
☐ *Das fehlt gerade noch!* Als hätte ich nicht schon genug zu tun!

Beispiel 2
Im Büro:
○ Wo bleibt denn der Kaffee, Anna?
☐ Mach ihn doch selbst! *Kommt gar nicht in Frage*, daß ich jeden Morgen für dich Kaffee koche!

Übungen

Unter Junggesellen:

Muster 1: ○ Du, Max, du bügelst doch so gern. Meine Hose liegt da drüben auf dem Stuhl!
□ *Das fehlt gerade noch!* Bügle sie doch selbst!

Muster 2: ○ Du, Max, kannst du mir schnell mal meine Hose bügeln?
□ *Kommt gar nicht in Frage!* Warum tust du's nicht selbst?

Muster 3: ○ Du, Max, wo du doch einmal beim Bügeln bist, bügelst du doch sicher meine Hose gleich mit.
□ *Fällt mir nicht im Traum ein!* Ich habe es satt, alles für dich zu machen.

Muster 4: □ Was ist denn jetzt schon wieder!
○ Kannst du mal schnell meine Hose bügeln?
□ *Also daraus wird heute nichts!* Ich habe überhaupt keine Zeit.

Muster 5: ○ Max, hast du meine Hose schon gebügelt?
□ *Denkste!* Selbst ist der Mann!

Jetzt üben Sie bitte nach den Mustern 1 bis 5:

a) bügeln – die Hose
b) waschen – das Hemd
c) Schuhe putzen – die Schuhe
d) bürsten – der Anzug
e) tippen – der Artikel

Aufgaben

1. Sie werden ständig um Gefälligkeiten gebeten. Jetzt reicht es Ihnen. Antworten sie entsprechend.

a) Könntest du mir übers Wochenende deinen Grill leihen?
b) Könntest du meinen Papagei zu dir nehmen, während ich in Urlaub bin?
c) Vertreten Sie mich doch bei der Sitzung.
d) Diese Briefe könnten Sie doch übers Wochenende schreiben, oder?

e) Würden Sie den Chef heute abend vom Flughafen abholen?
f) Mein Wagen ist kaputt. Könntest du mir mal dein Fahrrad leihen?

2. *Reagieren Sie (negativ, weniger höflich) auf die Bitten in den Aufgaben der Kapitel 7 A, 7 B a/b (Aufgabe 1).*

Im Kino: „Verzeihung, meine Dame, würden Sie bitte Ihren Hut abnehmen? Ich habe fünf Mark für meine Kinokarte bezahlt und möchte gern was sehen." – „*Kommt gar nicht in Frage!* Ich habe hundert Mark für meinen Hut bezahlt und möchte gern, daß man ihn sieht."

d) unsicher

☐ *Ich bin (noch) nicht sicher,*	ob das möglich ist.
Ich weiß (noch) nicht,	was ich tun soll.
	welche ...

☐ *Das kann ich nicht versprechen.*
Ich kann es nicht versprechen.

☐ *Es ist*	*nicht sicher,*	ob ... heute anruft.
	fraglich,	
	ungewiß,	

☐ *(Es) fragt sich,* ob sie wollen.
Wer weiß, ob sie wollen.

Beispiel 1
Unter Geschwistern:
○ Du kommst doch auch an der Bücherei vorbei. Kannst du mir nicht einen Roman von Kafka mitbringen?
☐ *Ich bin aber nicht sicher*, ob die Bücherei heute geöffnet hat.

Beispiel 2
Vor dem Krankenbesuch:
○ Ich wäre Ihnen dankbar, wenn Sie ihr ein paar Blumen für mich mitnähmen.
□ *Das kann ich leider nicht versprechen*, ich habe nur sehr wenig Zeit.

Übungen
Vor der Urlaubsreise:
Muster 1: ○ Du, Maria, kannst du meine Katze füttern, während ich in Urlaub bin?
□ *Ich bin nicht sicher*, ob das jeden Tag möglich ist. Eventuell habe ich in den nächsten Wochen einige auswärtige Termine.
Muster 2: ○ Frau Möller, würden Sie meine Katze füttern, bis ich wieder zurück bin?
□ *Das kann ich heute nicht versprechen*. Möglicherweise fahren wir selbst einige Tage aufs Land.
Muster 3: ○ Du, Stefan, denkst du auch daran, die Katze zu füttern.
□ Ich habe dir doch schon gesagt, daß *es noch nicht sicher ist*, ob ich die ganze Zeit hier in München bin.
Muster 4: ○ Es wäre doch schön, wenn unsere Nachbarn die Katze füttern würden.
□ *Es fragt sich nur*, ob sie auch wollen.

Jetzt üben Sie bitte nach den Mustern 1 bis 4:
a) die Katze – füttern
b) der Hund – aufpassen (auf)
c) die Pflanzen – gießen
d) der Vogel – versorgen
e) die Fische – füttern
f) der Briefkasten – leeren

Aufgaben

1. Sie zögern. Üben Sie im Dialog.

a) Sie werden von Ihrer Nachbarin gebeten, sich während ihrer Abwesenheit eine Woche lang um ihren Wellensittich zu kümmern.
b) Ihre Frau bittet Sie, nach der Arbeit bei ihrer Freundin vorbeizufahren und eine Kuchenform abzuholen.
c) Die Hauswirtin bittet Sie, beim Verlassen des Hauses die Heizung abzuschalten.
d) Ihr Professor bittet Sie, in Zukunft Ihre Klausurarbeiten getippt abzugeben.
e) Ihr Freund zieht nächste Woche um. Er bittet Sie, ihm dabei zu helfen.
f) Sie werden von Ihrem Kollegen gebeten, seine Abwesenheit bei Ihrem Chef zu entschuldigen.
g) Eine Kollegin bittet Sie, ihr das neue Computerprogramm zu erklären.

2. Reagieren Sie auf die Fragen in den Aufgaben der Kapitel 7 A und 7 B Ihren Vorstellungen entsprechend (positiv; negativ, aber höflich; negativ, weniger höflich; unsicher).

Wir bitten um Erlaubnis   8A

○ *Hast du* | *etwas dagegen,* | daß | ich das Fenster öffne?
Haben Sie | | wenn |
Hättest du
Hätten Sie

Du hast | *doch nichts dagegen,*
Sie haben |

○ *Darf* | ich das Fenster öffnen?
Dürfte |

○ *Erlaubst du,* | daß ich rauche.
Erlauben Sie,

Du erlaubst doch,
Sie erlauben doch,

Gestatten Sie,
Sie gestatten doch,

Ist es mir erlaubt | zu rauchen?
Ist es mir gestattet |

Ich öffne das Fenster, *wenn* | *du* | *erlaubst.*
| *Sie* | *erlauben.*
| | *gestatten.*

○ *Stört es* | *dich,* | wenn ich rauche?
| *Sie,* |

Beispiel 1
Sie möchten eine längere Reise machen, haben aber nicht so viel Urlaub. Sie bitten Ihren Abteilungsleiter:
○ *Haben Sie etwas dagegen*, wenn ich zusätzlich zu meinem Urlaub noch eine Woche unbezahlten Urlaub nehme?
□ Nun, das ist gar nicht so einfach ...

Beispiel 2
Sie haben kein Telefon und fragen Ihren Nachbarn:
○ *Darf* ich mal Ihr Telefon benutzen?
□ Aber sicher.

Übungen
Im Zugabteil:
Muster 1: ○ *Haben Sie etwas dagegen*, wenn ich rauche?
　　　　　□ Aber ganz und gar nicht!
Muster 2: ○ *Darf* ich rauchen?
　　　　　□ Aber sicher! Ich habe nichts dagegen.
Muster 3: ○ *Erlauben Sie*, daß ich rauche?
　　　　　□ Tun Sie mir doch den Gefallen und warten Sie, bis ich ausgestiegen bin.
Muster 4: ○ *Stört es Sie*, wenn ich rauche?
　　　　　□ Aber keineswegs!

Jetzt üben Sie bitte nach den Mustern 1 bis 4:
a) rauchen
b) das Fenster öffnen
c) die Gardine zuziehen
d) das Licht ausschalten
e) das Gepäck ins Netz legen
f) die Tür schließen

8A Wir bitten um Erlaubnis

Aufgaben

1. Sie benehmen sich immer korrekt. Was sagen Sie in folgenden Situationen?

a) Im Zugabteil: Sie möchten das Fenster öffnen.
b) Beim Chef: Sie möchten rauchen.
c) In einer Sitzung: Sie möchten etwas früher weggehen.
d) In der Klasse: Sie haben die Aufgabe noch nicht gelöst.
e) Im Café: An einem Tisch ist noch ein Platz frei.
f) Sie möchten Ihrer Mutter eine Freundin / einen Freund vorstellen.
g) Bei Bekannten: Sie möchten das Telefon benutzen.
h) Sie können Ihre Verabredung nicht einhalten.
i) Bei einem Freund / einer Freundin: Sie möchten Ihre Lieblingsplatte auflegen.

2. Sie sind zu Gast. Sie möchten verschiedene Dinge tun. Bitten Sie den Gastgeber / die Gastgeberin um Erlaubnis.

3. Sie wohnen zur Untermiete. Setzen Sie die passenden Redemittel ein.

a) ..., wenn meine Freundin / mein Freund abends etwas länger bleibt?
b) ..., daß ich mir ab und zu mal etwas koche?
c) ... ich mal Ihren Fernseher anstellen?
d) ..., daß ich manchmal eine Party gebe?
e) ..., daß ich die Möbel umstelle?
f) ..., wenn ich einmal in der Woche ein Bad nehme?

8B Wir reagieren auf eine Bitte um Erlaubnis

a) positiv

☐ *(Aber)*	*natürlich nicht!* *ganz und gar nicht!* *keineswegs!*	☐ *(Ja)* *(Aber)*	*sicher!* *selbstverständlich!* *klar!* *natürlich!* *gerne!* *bitte (sehr)!*

Beispiel 1
Sie müssen demnächst an der
Universität einen Vortrag über
China halten und bitten
einen Freund:
○ Du hast doch nichts dagegen,
  wenn ich deinen Bildband
  über China mitnehme?
☐ *Aber natürlich nicht!*
  Nimm ihn ruhig mit.

Beispiel 2
Beim Chef:
○ Herr Wagner, darf ich heute etwas früher nach Hause gehen?
  Ich fühle mich gar nicht wohl.
☐ *Aber sicher!* Gehen Sie nur, und erholen Sie sich gut.

Übungen

Vor der Party:

Muster 1: ○ Hast du etwas dagegen, wenn auch mein Freund zur Party mitkommt?
  □ *Aber natürlich nicht*, wir wollten ihn doch sowieso mal kennenlernen.

Muster 2: ○ Darf ich meinen Freund mitbringen?
  □ Zur Party? *Aber sicher*, bring ihn ruhig mit!

Muster 3: ○ Auf eure Party freue ich mich übrigens sehr. Ich wollte nur fragen, ob ich auch meinen Freund mitbringen darf.
  □ *Aber gerne!* Sag ihm, daß er auch eingeladen ist.

Jetzt üben Sie bitte nach den Mustern 1 bis 3:

a) die Party – mein Freund
b) das Hochzeitsfest – meine Schwester
c) der Empfang – mein Bekannter
d) das Jubiläum – mein Kollege
e) die Geburtstagsfeier – eine Kollegin
f) der Kegelabend – meine beiden Freundinnen
g) die Eröffnungsfeier – mein Partner

Aufgaben

1. Sie sind großzügig. Wie antworten Sie?
a) Erlauben Sie, daß ich hier rauche?
b) Gestatten Sie, daß ich Ihr Wörterbuch benutze?
c) Darf ich deinen neuen Pelzmantel mal anprobieren?
d) Darf ich an der Stadtrundfahrt teilnehmen?
e) Ich darf doch mal Ihr Telefon benutzen?
f) Kann ich mitfahren?
g) Darf ich das Radio lauter stellen?

2. Reagieren Sie (positiv) auf die Bitten um Erlaubnis, die Sie in den Aufgaben des Kapitels 8 A formuliert haben.

b) negativ

> ☐ *(Es) tut mir leid, aber ...*
> *(Ich) bedaure (sehr), aber ...*
>
> ☐ *Nein, das geht (leider) nicht.*
> *Leider geht das nicht.*
>
> ☐ *(Doch,) ich habe was dagegen!*
>
> ☐ *Das kommt gar nicht in Frage!*
> *Das geht auf gar keinen Fall!*
> *Das geht nun wirklich nicht!*

Beispiel 1
Im Büro:
○ Darf ich mal Ihre Schreibmaschine benutzen?
☐ *Tut mir leid, aber* im Moment brauche ich sie noch selbst.

Beispiel 2
Vor dem Fernseher:
○ Darf ich den Ton etwas lauter stellen? Ich verstehe sonst nichts.
☐ *Nein, das geht leider nicht*, die Nachbarn beschweren sich sonst.

Übungen
Bei einem Bekannten:
Muster 1: ○ Haben Sie etwas dagegen, wenn ich mir dieses Buch ausleihe?
☐ *Tut mir leid, aber* ich lese es zur Zeit selbst.
Muster 2: ○ Ich wollte dich fragen, ob ich dieses Buch ausleihen darf.
☐ *Leider geht das nicht*, ich lese es gerade selbst.

Muster 3: ○ Du hast doch das Buch schon gelesen. Ich nehme es mit, wenn du nichts dagegen hast.
□ *Doch, ich habe was dagegen!* Ich verleihe meine Bücher nur ungern.

Muster 4: ○ Das Buch habe ich noch nicht gelesen. Darf ich es mitnehmen?
□ *Das kommt gar nicht in Frage.* Bring zuerst mal all die Bücher zurück, die du dir in den letzten Wochen von mir geliehen hast.

Jetzt üben Sie bitte nach den Mustern 1 bis 4:

a) das Buch
b) die Zeitschrift
c) der Katalog
d) der Bildband
e) die Zeitung
f) die Illustrierte

Aufgaben

1. Heute ist dem Jungen alles verboten. Wie reagieren die Personen auf seine Bitten?

a) ○ Mutti, darf ich heute nachmittag einen Schulfreund mit nach Hause bringen?
  □ ...
  ○ Warum denn nicht?
  □ Weil ...

b) ○ Mutti, darf ich draußen Ball spielen?
  □ ...
  ○ Warum denn nicht?
  □ Weil ...

c) ○ Vati, hast du was dagegen, wenn ich dein Fahrrad nehme?
  □ ...
  ○ Warum denn nicht?
  □ Weil ...

8B Wir reagieren auf eine Bitte um Erlaubnis

d) ○ Du, Helga, ich möchte deine neue Schallplatte auflegen.
   □ ...
   ○ Warum denn nicht?
   □ Weil ...
e) ○ Sag mal, Inge, darf ich deinen Tennisschläger mit in die Schule nehmen?
   □ ...
   ○ Warum denn nicht?
   □ Weil ...
f) ○ Sag mal, Walter, dürfen mein Freund und ich heute in deinem Zimmer spielen?
   □ ...
   ○ Warum denn nicht?
   □ Weil ...

2. *Reagieren Sie (negativ) auf die Bitten in den Aufgaben des Kapitels 8 A und 8 B a (Aufgabe 1).*

3. *Sie können nicht alles erlauben. Üben Sie im Dialog.*
a) Rauch ist Ihnen zuwider.
b) Sie verleihen Ihr Fahrrad nicht gern.
c) Sie sind erkältet. Sie können nicht bei offenem Fenster sitzen.
d) Laute Musik geht Ihnen auf die Nerven.
e) Sie gehen lieber allein nach Hause.
f) Sie verschieben eine wichtige Unterredung nicht gern.

Wir erkundigen uns nach den Preisen 9A

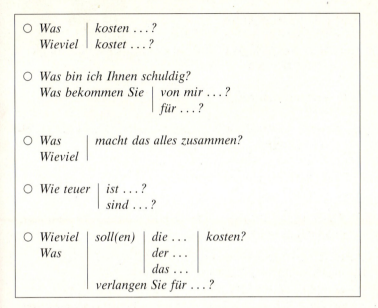

Beispiel 1
Im Kaufhaus: Sie schauen sich ein Paar Handschuhe an und fragen die Verkäuferin:
○ Ich hätte gern gewußt, *was* diese Handschuhe *kosten*.
☐ Die kosten 24 Mark.

Beispiel 2
Sie sind auf der Autobahn liegengeblieben. Der Pannendienst hat Ihren Wagen repariert. Sie fragen:
○ *Was bin ich Ihnen schuldig?*
☐ Wenn Sie Mitglied in einem Automobilclub sind, brauche ich nur Ihre Mitgliedskarte.

Übungen

1. Im Kaufhaus:

Muster 1: ☐ Sie wünschen?
          ○ *Was kostet* die Tasche?
          ☐ Welche denn?
          ○ Die karierte dort.

Muster 2: ☐ Darf es sonst noch etwas sein?
          ○ Nein, das ist alles. *Was bin ich Ihnen schuldig?*
          ☐ Moment, die karierte Tasche ist ab heute im Sonderangebot. Ich schau' mal eben in der neuen Preisliste nach.

Muster 3: ○ *Was macht das alles zusammen?*
          ☐ Mit der karierten Tasche macht das dann 215 Mark.

Jetzt üben Sie bitte nach den Mustern 1 bis 3:
a) die Tasche – kariert   d) der Regenmantel – hellbraun
b) das Sommerkleid – weiß   e) das Kopftuch – bunt
c) das Lederetui – schwarz   f) die Baumwollhose – grün

2. Im Lebensmittelgeschäft:

Muster 1: ○ Sagen Sie, *wie teuer sind* die Krabben da?
          ☐ Die in der Büchse? Die sind recht preiswert.

Muster 2: ○ Und die Krabben in der Büchse, *was sollen die kosten?*
          ☐ Die sind etwas billiger. Moment, ich schau' mal nach.

Jetzt üben Sie bitte nach den Mustern 1 und 2:
a) die Krabben – die Büchse   e) das Eis – der Becher
b) der Tee – das Päckchen   f) die Erdbeeren – das Körbchen
c) die Kekse – die Tüte
d) die Erdbeermarmelade – das Glas

Aufgaben

Sie möchten den Preis der Waren wissen. Was sagen Sie in folgenden Situationen?

a) Sie interessieren sich für einen Kassettenrecorder.
   - ☐ Sie wünschen bitte?
   - ○ ...
b) Sie brauchen auch Kassetten dazu.
   - ☐ Möchten Sie noch etwas?
   - ○ ...
c) Eine elektrische Schreibmaschine wollten Sie sich schon lange zulegen.
   - ☐ Dieses Modell kann ich Ihnen besonders empfehlen.
   - ○ ...
d) Ihr Briefpapier ist gerade aufgebraucht.
   - ☐ Wir führen drei Sorten unterschiedlicher Qualität.
   - ○ ...
e) Sie wollen Ihrem Sohn einen Taschenrechner mit Solarbatterie schenken.
   - ☐ Hier haben wir ein ganz neues Modell.
   - ○ ...
f) Nachdem Sie alles ausgesucht haben, fragen Sie nach dem Gesamtpreis.
   - ○ ...

9B Wir reagieren auf die Preise

a) positiv

☐ *Das geht ja (noch).* ☐ *Das ist ...*	*günstig.*
	preiswert.
	nicht so teuer.
	noch erträglich.
	noch zu bezahlen.
	nicht viel.
☐ *Für den Preis nehme ich ...* ☐ *Das kann ich mir (wohl) noch leisten.*	

Beispiel 1
Im Delikatessengeschäft:
- ☐ Und was kostet die französische Salami?
- ○ 100 Gramm kosten 3 Mark.
- ☐ Na, *das geht ja.* Dann nehme ich 150 Gramm.

Beispiel 2
Sie haben Ihre Waschmaschine reparieren lassen:
- ○ So, alles in Ordnung! Hier ist Ihre Rechnung.
- ☐ Lassen Sie mal sehen! Na, *das ist* ja zum Glück noch recht *günstig.*

Übungen
In der Boutique:

Muster 1: ○ Das Kleid dort ist ein Einzelstück. Es kostet nur 70 Mark.
   ☐ Na, *das geht ja.* Darf ich es mal anprobieren?
   ○ Aber sicher.

Muster 2: ○ Was halten Sie von diesem Kleid? Es ist ein Einzelstück und kostet nur die Hälfte vom normalen Preis.
  □ *Das ist* ja wirklich recht *günstig.* Darf ich es mal anprobieren?
Muster 3: ○ Probieren Sie mal dieses Kleid an. Es ist ein Einzelstück und stark reduziert.
  □ O ja, *für den Preis nehme ich* es, wenn es mir paßt.
Muster 4: ○ Dieses Kleid ist nun wirklich das günstigste, was ich Ihnen anbieten kann. Es ist ein Einzelstück.
  □ Lassen Sie mal sehen. Ja, *das kann ich mir wohl noch leisten.* Ich probiere es schnell mal an.

Jetzt üben Sie bitte nach den Mustern 1 bis 4:
a) das Kleid – ein Einzelstück sein
b) die Bluse – einen kleinen Fleck haben
c) die Schuhe – im Ausverkauf sein
d) der Rock – etwas verschmutzt sein
e) die Handschuhe – einen kleinen Fehler haben
f) das Kostüm – noch aus der Winterkollektion sein

Aufgaben
1. Der Preis ist noch erträglich. Was sagen Sie?
a) Du, Lisa, im Kaufhaus am Alten Markt bekommst du Frottierhandtücher aus reiner Baumwolle schon ab 15 Mark.
b) Die seidenen Kopftücher sind auf 20 Mark herabgesetzt.
c) Drei Paar Tennissocken kannst du schon für 10 Mark bekommen.
d) Und die Kamelhaardecken kosten nur noch 80 Mark.
e) Auch die Daunenbetten sind um 50 Prozent reduziert.
f) Kopfkissenbezüge aus reiner Baumwolle kannst du schon für 15 Mark haben.

2. *Sie lassen sich einen Kostenvoranschlag machen und sind von den Preisen angenehm überrascht. Üben Sie im Dialog.*
a) Sie müssen Ihren Wagen neu lackieren lassen.
b) Sie wollen das Dach Ihres Hauses decken lassen.
c) Die Küche muß frisch gestrichen werden.
d) Der Teppichboden im Schlafzimmer soll erneuert werden.
e) Das Waschbecken im Bad muß ausgewechselt werden.
f) Das Treppengeländer muß repariert werden.

b) negativ

□ *(Oh,) das ist mir (aber) zu teuer.*

□ *Haben Sie nichts* | *Billigeres?*
| *Preiswerteres?*
| *Günstigeres?*

□ *Das kann ich mir nicht leisten.*

□ *Der Preis ist mir zu hoch.*

□ *Das scheint mir* | *aber gar nicht (so) billig.*
  Das ist

Beispiel 1
Sonderangebote:
○ Im Sonderangebot kosten diese Strümpfe jetzt nur 10 Mark das Paar.
□ *Das ist mir aber* noch *zu teuer.*

Beispiel 2

Im Reisebüro:
○ Die Kreuzfahrt in der Karibik kostet 8200 Mark.
□ *Haben Sie nichts Billigeres?* Was kostet denn eine Mittelmeer-Kreuzfahrt?

Der Flug nach Australien kostet...

Oh, das ist mir aber viel zu teuer.

Übungen

Im Reisebüro:
Muster 1: ○ Dieser Flug ist in der Vorsaison besonders günstig.
  □ Also ehrlich gesagt, *er ist mir* trotzdem noch *zu teuer*.
Muster 2: ○ Diesen Flug kann ich Ihnen besonders empfehlen.
  □ Nein, soviel Geld wollte ich eigentlich nicht ausgeben. *Haben Sie denn nichts Billigeres?*

Jetzt üben Sie bitte nach den Mustern 1 und 2:
a) der Flug
b) das Hotel
c) die Studienreise
d) die Pension
e) die Kreuzfahrt

Muster 3: ○ Die Reise ans Schwarze Meer kostet in der Nachsaison nur etwas mehr als die Hälfte vom normalen Preis.
□ Also *das kann ich mir* trotzdem *nicht leisten.*
Muster 4: ○ Wie wäre es denn mit einer Reise ans Schwarze Meer?
□ Das hört sich nicht schlecht an. Nur *der Preis ist mir* doch noch *zu hoch.*
Muster 5: ○ Hier habe ich noch ein Angebot über eine Reise ans Schwarze Meer.
□ *Das scheint mir aber gar nicht so billig.*

Jetzt üben Sie bitte nach den Mustern 3 bis 5:
a) die Reise ans Schwarze Meer
b) die Fahrt an den Bodensee
c) die Überfahrt auf die Insel Helgoland
d) die Mittelmeer-Kreuzfahrt
e) die Wanderung in den Alpen
f) der Surfkurs auf Korsika

Aufgaben
1. Sie müssen sparen. Was sagen Sie?
a) Nehmen Sie nun die Birnen zu 3 Mark das Pfund?
b) Die Pfirsiche kosten jetzt 1 Mark das Stück.
c) Orangen haben wir zu 6 Mark das Kilo.
d) Nur der Blumenkohl ist wieder billiger geworden. Er kostet aber immer noch 2 Mark das Stück.
e) Die Eier sind wieder teurer geworden. Sie kosten jetzt 5,30 Mark das Dutzend.
f) Der Quark kostet jetzt 4 Mark das Pfund.

2. *Führen Sie ein Gespräch:*
   Sie gehen ins Reisebüro und erkundigen sich nach verschiedenen Reisen. Man schlägt Ihnen folgendes vor:
   – eine Mittelmeer-Kreuzfahrt
   – eine Studienreise nach Ägypten
   – eine Flugreise nach New York
   – ein zweiwöchiger Aufenthalt auf Ibiza
   – ein Surfkurs auf Kreta
   Sie fragen nach den Preisen und stellen fest, daß in der Hochsaison doch alles viel zu teuer für Sie ist.

3. *Führen Sie ein Gespräch:*
   Sie gehen zu einem Immobilienmakler und erkundigen sich nach den Preisen für Eigentumswohnungen. Der Makler unterbreitet Ihnen einige Angebote. Die Preise sind je nach Größe, Wohnlage und Ausstattung der Wohnungen sehr unterschiedlich. (Entnehmen Sie entsprechende Daten aus den Immobilienanzeigen Ihrer Tageszeitung, oder erkundigen Sie sich bei einem Makler an Ihrem Wohnort.) Im Gespräch stellen Sie fest, daß die Angebote viel zu teuer für Sie sind.

Das kostbare Hütchen
Eine Dame besucht einen bekannten Hutmacher in Paris in seinem Atelier und möchte ein ganz neues Modell kaufen. Der Hutmacher nimmt eines der herumliegenden Seidenbänder, und unter seinen geschickten Händen entsteht, in Sekundenschnelle drapiert, das schönste Hütchen, das man sich vorstellen kann. Die Dame ist zufrieden und fragt: „Was kostet nun dieses Hütchen?" – „3000 Francs", antwortet der Hutmacher. „Für zwei Meter Seidenband! *Das ist mir zu teuer.*" Der Meister rollt das Band zusammen und überreicht es der Kundin mit einer galanten Verbeugung: „Pardon, Madame, das Band kostet selbstverständlich nichts."

10A Wir bitten um Rat

○ Was | glaubst du, | soll(en) ... Glaubst du, | daß ...
glauben Sie, Glauben Sie,
denkst Denkst
denken Denken
meinst Meinst
meinen Meinen

○ Was soll ich bloß tun?   Was läßt sich da machen?
Was mache ich nur?   Was fange ich nur an?
Was könnte man da machen?

Ich weiß nicht, was ich | tun | soll.
machen
anfangen

○ Was | würdest du | an meiner Stelle | tun?
würden Sie machen?

○ Ich wollte | dich | wegen ... um Rat fragen.
Sie

Was | rätst du | mir? Was | würdest du | mir raten?
raten Sie würden Sie

Gib | mir einen Rat ...
Geben Sie

> ○ Was | empfiehlst du / empfehlen Sie | mir?
>
> Was | würdest du / würden Sie | mir empfehlen?

Beispiel 1
Sie sind zu einer Party eingeladen. Sie möchten etwas für die Gastgeber mitnehmen und fragen Ihre Freundin:
○ *Was glaubst du*, sollen wir Blumen für Frau Wander oder Schokolade für ihre Kinder kaufen?
□ Also, ich würde Blumen kaufen.

Beispiel 2
Vor dem Vortrag: Sie haben in letzter Minute festgestellt, daß Sie Ihre Brille vergessen haben. Sie wenden sich an einen Kollegen:
○ *Was soll ich bloß tun?* Ich habe meine Brille vergessen.
□ Oje, da weiß ich auch keinen Rat!

Was meinst du . . . ?

10A Wir bitten um Rat

Übungen

Der Urlaub ist ein Problem.

Muster 1: ○ Du, Inge, *was glaubst du*, soll ich den Urlaub jetzt oder später nehmen?
　　　　　□ Also, ich würde ihn später nehmen.

Muster 2: ○ *Was soll ich bloß tun?* Ich kann meinen Urlaub unmöglich jetzt nehmen.
　　　　　□ Na, dann nimm ihn doch später.

Muster 3: ○ *Was würden Sie an meiner Stelle tun?* Soll ich meinen Urlaub jetzt nehmen?
　　　　　□ Nein, ich würde ihn später nehmen.

Muster 4: ○ *Ich wollte dich wegen* meines Urlaubs *um Rat fragen*. Ich weiß nicht, ob ich ihn jetzt oder später nehmen soll.
　　　　　□ Ich glaube, es ist besser, wenn du ihn später nimmst.

Muster 5: ○ *Was empfehlen Sie mir?* Soll ich meinen Urlaub jetzt nehmen?
　　　　　□ Also, an Ihrer Stelle würde ich ihn später nehmen.

Jetzt üben Sie bitte nach den Mustern 1 bis 5:
a) jetzt (nehmen) – später nehmen
b) sofort nehmen – auf später verlegen
c) im Juli (nehmen) – im August nehmen
d) im Frühjahr (nehmen) – im Herbst nehmen
e) im Sommer (nehmen) – im Winter nehmen

Aufgaben

1. Sie brauchen Rat. Was sagen Sie?
a) Sie haben in letzter Zeit zehn Pfund zugenommen. Sie sind unzufrieden und suchen Ihren Hausarzt auf.
b) Seit einigen Wochen kommen Sie morgens zu spät zum Dienst. Trotz des Weckers verschlafen Sie dauernd. Sie sprechen mit einem Kollegen.

c) Sie kommen todmüde von einer Flugreise ins Hotel und stellen fest, daß Sie an der Gepäckausgabe den falschen Koffer mitgenommen haben. Sie bitten den Hotelportier um Rat.
d) Sie müssen morgen sehr früh aufstehen; Ihre Gäste wollen aber noch nicht aufbrechen. Sie besprechen sich mit Ihrer Partnerin / Ihrem Partner.
e) Ihre nette Zimmerwirtin hat Geburtstag, und Sie wissen nicht, was Sie ihr schenken sollen. Sie wenden sich an Ihre Nachbarin.
f) Sie haben eine Vase zerbrochen, die Ihnen Ihre Schwiegermutter geschenkt hat. Sie sprechen mit Ihrer Frau / Ihrem Mann.
g) Die Hochzeit Ihrer besten Freundin wird in einer hochgelegenen Bergkapelle gefeiert, zu der man zu Fuß hinaufgehen muß. Sie wissen nicht, was Sie anziehen sollen. Sie besprechen sich mit der Schwester der Braut.
h) Seit einiger Zeit bekommt Ihr Gummibaum immer mehr gelbe Blätter. Sie wenden sich an Ihren Gärtner.
i) Sie stellen fest, daß Sie Haarausfall haben. Sie sind ganz verzweifelt und fragen eine Apothekerin.
j) Sie wollen Ihren Urlaub zum ersten Mal auf einem Campingplatz verbringen und möchten sich eine Campingausrüstung kaufen. Sie holen sich Rat bei einem Freund.
k) Sie wissen nicht, wie man ein Stipendium für ein Studium in der Bundesrepublik Deutschland beantragt. Sie wenden sich an Ihren Kursleiter.

2. *Überlegen Sie sich Situationen, in denen Sie den Rat eines Freundes brauchen. Drücken Sie Ihre Sorgen und Probleme aus.*

10B Wir reagieren auf eine Bitte um Rat

a) positiv-teilnahmsvoll

> ☐ *Ich würde* ... bleiben.
>
> ☐ *Ich würde* | *dir* | *raten,* ... *zu bleiben.*
> | *Ihnen* |
>
>   *Ich rate* | *dir,* | ... *zu bleiben.*
> | *Ihnen,* |
>
>   *Wenn ich* | *dir* | *einen Rat geben darf,* | *bleib* ...
> | *Ihnen* | | *bleiben Sie* ...
>
> ☐ *Vielleicht* | *solltest du* | ... *bleiben.*
> | *sollten Sie* |
>
> ☐ *An* | *deiner* | *Stelle würde ich* ... *bleiben.*
> | *Ihrer* |
>
>   *Ich an* | *deiner* | *Stelle würde* ... *bleiben.*
> | *Ihrer* |
>
> ☐ *Das beste ist,* | *du bleibst* ...
> | *Sie bleiben* ...
>
>   *Es wäre gut,* wenn | *du* ... *bliebest.*
> | *Sie* ... *blieben.*
>
>   *Du tätest* | *gut* | *daran,* ... *zu bleiben.*
>   *Sie täten* | *besser* |
>
> ☐ *Wie* | *wäre* | *es, wenn* | *du* ...
> | *ist* | | *Sie* ...

Beispiel 1

Beim Friseur:
- ○ Was glauben Sie, würde diese Frisur auch zu meinem Gesicht passen?
- □ Nun, Ihre alte Frisur steht Ihnen wirklich gut. *Ich würde* dabei bleiben.

Beispiel 2

Beim Gärtner:
- ○ Meine Amaryllis, die ich bei Ihnen gekauft habe, hat schon zwei Jahre nicht mehr geblüht.
- □ Nun, dann *würde ich Ihnen raten*, sie einmal längere Zeit nicht zu gießen.

Übungen

Unter Nachbarn:

Muster 1: ○ Du, Hanna, was mache ich bloß? Der Tortenboden ist schon wieder angebrannt.
□ *Ich würde* mal eine neue Form kaufen.

Muster 2: ○ Sag mal, Susanne, der Tortenboden ist wieder angebrannt. Was mache ich nur?
□ *Ich würde dir raten*, vielleicht doch einmal eine neue Form zu kaufen.

Muster 3: ○ Sagen Sie mal, Frau Möller, was soll ich bloß tun? Mein Tortenboden ist wieder mal angebrannt.
□ *Vielleicht sollten Sie* nun doch eine neue Form kaufen.

Muster 4: ○ Ich weiß nicht, was ich tun soll. Der Tortenboden ist wieder angebrannt.
□ Also, *an Ihrer Stelle würde ich* eine neue Form kaufen.

Muster 5: ○ Wie kommt es nur, daß der Tortenboden wieder angebrannt ist.
□ Ich glaube, *das beste ist*, du kaufst eine neue Form.

Muster 6: ○ Schon wieder ist der Tortenboden angebrannt.
□ *Wie wäre es denn*, wenn du mal eine neue Form kaufen würdest?

Jetzt üben Sie bitte nach den Mustern 1 bis 6:

a) der Tortenboden / anbrennen – eine neue Form kaufen
b) Jochen / eine schlechte Note in Mathematik bekommen – einen Nachhilfelehrer suchen
c) das Rosenbeet / zertrampeln – einen Zaun ziehen
d) der Hund / weglaufen – an die Leine legen
e) Frank / den ganzen Tag am Computer spielen – nach draußen schicken
f) Petra / mit dem Rauchen anfangen – das Taschengeld kürzen

Aufgaben

1. Sie wissen Rat. Was sagen Sie?
a) Du, Helga, was mache ich nur? Ich habe schreckliche Zahnschmerzen.
b) Sag mal, Maria, was macht man, wenn man keinen Appetit hat?
c) Herr Doktor, was raten Sie mir? Ich bin ständig erkältet.
d) Was fange ich nur an? Ich habe mein ganzes Geld ausgegeben.
e) Ich wollte Sie noch wegen meines Autos um Rat fragen. Es verbraucht in letzter Zeit sehr viel mehr Benzin.
f) Was mache ich bloß? Mein Schlüssel ist wieder weg. Es ist der dritte, den ich diese Woche verloren habe.

2. Reagieren Sie (positiv-teilnahmsvoll) auf die Bitten, die Sie in den Aufgaben des Kapitels 10 A formuliert haben.

3. Ihr Freund will zum ersten Mal mit seinem neuen Wohnwagen losfahren. Sie geben ihm verschiedene Ratschläge mit auf den Weg:
a) Nicht abfahren, ohne Luftdruck, Bremsen und Beleuchtung zu überprüfen.
b) Beim Überholen von Lastwagen, in Tälern und auf Brücken vorsichtiger fahren, weil der Anhänger da leicht ins Schlingern kommt.
c) Nicht vergessen, daß man mit einem Anhänger einen sehr viel längeren Bremsweg hat.
d) Nicht einscheren, ohne zu überprüfen, ob das überholte Fahrzeug im rechten Außenspiegel vollständig zu sehen ist.
e) Beim Schleudern des Anhängers nur bremsen, wenn sich Auto und Anhänger auf einer Linie befinden.
f) Steile Bergstrecken vermeiden. Lieber einen Umweg machen.

b) negativ

> ☐ *Da kann ich* | *dir* | *(auch) nicht helfen.*
>   *Ihnen*
>
> ☐ *Da weiß ich (auch) keinen Rat.*
>   *Da bin ich (auch) ratlos.*
>   *Da bin ich (wirklich) überfragt.*
>
> ☐ *Keine Ahnung ...*   ☐ *Da fällt mir auch nichts mehr ein!*

Beispiel 1
○ Du, Hans, das ist schon der zweite Film, den ich verknipst habe. Auf dem hier ist auch nichts. Was soll ich bloß tun?

☐ *Da kann ich dir auch nicht helfen.* Vom Fotografieren verstehe ich überhaupt nichts.

Beispiel 2
In der Buchhandlung:

○ Ich suche ein Geburtstagsgeschenk für meinen Freund. Ich bin aber nicht sicher, ob ich ihm einen Bildband oder einen guten Roman schenken soll.

☐ Also, *da weiß ich auch keinen Rat.* Ich kenne Ihren Freund doch gar nicht.

Übungen
Sehr zerstreut:

Muster 1:   ○ Was soll ich bloß tun? Ich habe meinen Schirm verloren.

              ☐ Also, du bist auch so zerstreut! *Da kann ich dir auch nicht helfen.*

Muster 2: ○ Ständig verliere ich meinen Schirm. Ich weiß nicht mehr, was ich machen soll.
□ *Da weiß ich auch keinen Rat.* Manche Menschen sind eben so zerstreut.

Muster 3: ○ Stell dir vor, ich habe wieder einmal meinen Schirm verloren. Was mach' ich nur?
□ *Keine Ahnung,* du verlierst ja immer alles.

Muster 4: ○ Ach du Schreck, mein Schirm!
□ Du hast ihn doch nicht schon wieder verloren?
○ Ich glaube schon. Und nun?
□ *Da fällt mir auch nichts mehr ein!*

Jetzt üben Sie bitte nach den Mustern 1 bis 4:
a) den Schirm verlieren
b) die Brille verlegen
c) die Schlüssel zu Hause vergessen
d) die Brieftasche im Auto liegenlassen
e) den Koffer auf dem Bahnhof stehenlassen

Aufgaben

1. Da ist guter Rat teuer. Was sagen Sie?
a) Herr Hoffmann verlangt das Referat schon morgen, und ich habe es noch nicht geschrieben.
b) Ach du Schreck! Es ist schon fünf Uhr, und ich habe die Übersetzung noch nicht einmal angefangen.
c) Der Brief muß auch noch getippt werden. Und die Sekretärin ist nicht mehr da.
d) Die Stunde fängt gleich an, und ich habe meine Hausaufgaben noch nicht beendet. Was mache ich jetzt?
e) Der Aufsatz muß morgen abgegeben werden, und ich habe ihn noch nicht einmal angefangen. Was soll ich bloß tun?
f) In einer Stunde soll ich das Gedicht vortragen, und ich habe es noch nicht auswendig gelernt.

2. *Sie werden um Rat gebeten, sind jedoch kein Fachmann. Üben Sie im Dialog.*
a) Ihre Bekannte will abnehmen.
b) Ihr Nachbar hat von einem Ginseng-Extrakt zur Steigerung der allgemeinen Leistungsfähigkeit gehört.
c) Eine Kollegin interessiert sich für eine Frischzellenkur.
d) Ihr Freund will einen Wagen mit einem schadstoffarmen Motor kaufen.
e) Ihre Freundin sucht ein wirksames, aber umweltfreundliches Fleckenwasser.
f) Ihr Kollege leidet an Schlaflosigkeit. Er sucht nach einem natürlichen Mittel.
g) Ihre Nachbarin hat gehört, daß es Vitamine gegen Konzentrationsschwierigkeiten gibt.
h) Ihre Kollegin ärgert sich über ihre Fältchen und sucht ein wirksames Mittel.

c) negativ-abratend

☐ *Das würde ich | dir | nicht raten.*
| Ihnen |

Davon rate ich | dir | ab.
| Ihnen |

Ich würde | dir | davon abraten.
| Ihnen |

☐ *(Mensch,) | tu | das bloß nicht!*
| tun Sie |
| mach |
| machen Sie |
| nimm |
| nehmen Sie |

☐ *Das | solltest du | nicht tun.*
| sollten Sie |

So etwas würde ich |

☐ *Laß | (bloß) die Hände davon!*
Lassen Sie | das (bloß) bleiben!

Beispiel 1
Unter Freunden:
○ Was meinst du, soll ich mir diese Eigentumswohnung am Stadtrand kaufen?
☐ *Das würde ich dir nicht raten.* Die Preise für Immobilien sinken zur Zeit ganz erheblich.

Beispiel 2
Unter Kollegen:
○ Du, ich nehme in letzter Zeit wahnsinnig zu. Ob ich wohl Appetitzügler einnehmen soll?
□ *Tu das bloß nicht!* Diese Medikamente sollen sehr gesundheitsschädlich sein.

Übungen
Sie raten ab.
Muster 1: ○ Du, Erika, ich habe schon wieder hohes Fieber. Kann ich diese Tabletten nehmen?
   □ *Das würde ich dir nicht raten.* Die sind zu stark.
Muster 2: ○ Hans, ich habe hohes Fieber. Kann ich eine von diesen Tabletten nehmen?
   □ *Tu das bloß nicht!* Geh besser erst einmal zum Arzt.
Muster 3: ○ Herr Möller, ich kann das hohe Fieber nicht loswerden. Was halten Sie von diesen Tabletten? Kann ich die nehmen?
   □ *Das sollten Sie nicht tun*, ohne den Arzt zu befragen.
Muster 4: ○ Du, die Tabletten scheinen wirklich zu helfen. Ich hatte hohes Fieber, nun geht es mir schon viel besser.
   □ Zeig mal die Schachtel! – Mensch, *laß bloß die Hände davon!* Ich habe gelesen, daß man von diesen Tabletten süchtig werden kann.

Jetzt üben Sie bitte nach den Mustern 1 bis 4:
a) das hohe Fieber – die Tablette
b) die schlimme Erkältung – das Medikament
c) die starken Kopfschmerzen – die Pille
d) der schreckliche Schnupfen – die Arznei
e) der entsetzliche Husten – die Tropfen
f) die furchtbaren Halsschmerzen – das Präparat

Aufgaben

1. Sie raten ab. Was sagen Sie?

a) Verdammt! Jetzt ist der Reifen geplatzt. Was meinst du, soll ich weiterfahren?
b) Du, ich habe meine Brille zu Hause liegenlassen. Aber ich glaube, ich kann auch ohne Brille Auto fahren.
c) Was soll ich nur tun! Da kommt der Direktor, und ich habe den Auftrag noch nicht erledigt. Soll ich nicht besser verschwinden?
d) Du meine Güte! Meine Schlüssel sind weg. Ich muß sie verloren haben. Soll ich bei der Hausverwaltung klingeln?

2. Was raten Sie diesen Personen? Üben Sie im Dialog.

a) Er fährt gern das neueste Modell. Soll er sich ein Auto kaufen oder mieten (leasen)?
b) Sie ist gegen Umweltverschmutzung. Soll sie sich ein Segel- oder ein Motorboot anschaffen?
c) Er leidet an Rheuma. Wo soll er seinen Urlaub verbringen, in den Bergen oder an der See?
d) Sie hat wenig Geld. Soll sie eine Wohnung mit jemand anderem teilen oder ein Zimmer mieten?
e) Er braucht einen Computer. Soll er einen Kredit aufnehmen oder sparen und warten, bis er ihn bar zahlen kann?
f) Sie sitzt den ganzen Tag am Schreibtisch und braucht deshalb Bewegung in ihrer Freizeit. Soll sie in einen Tennisclub eintreten oder einen Tanzkurs belegen?

3. Was würden Sie raten bei

a) Geschäften an der Haustür,
b) Appetitzüglern bei ernährungsbedingtem Übergewicht,
c) dem Gebrauch von Kreditkarten auf Reisen,
d) einem Fernstudium,
e) einer Akupunkturbehandlung,
f) der Anschaffung eines Mikrocomputers,
g) einer kosmetischen Operation.

Patient: „Herr Doktor, was raten Sie einem, wenn man hundert Jahre alt werden will?" Arzt: „*Ich rate Ihnen ab*, Alkohol zu trinken, Fleisch und Mehlspeisen zu essen, Kinos, Theater und Tanzlokale zu besuchen, Zigaretten zu rauchen, nach 9 Uhr ins Bett zu gehen ..."
Patient: „Auf diese Weise wird man hundert Jahre alt?"
Arzt: „Das vielleicht nicht, aber es wird einem so lange vorkommen."

11A Wir bitten um Stellungnahme

○ *Wie*	*findest du* *finden Sie*	den Klub?	
○ *Was*	*hältst du* *halten Sie*	*davon,* *davon,* *von* ihm?	daß ...? ... zu gehen?
○ *Wie gefällt* *Gefällt*	*dir* ...? *Ihnen* ...?		
○ *(Na,) was*	*sagst du* *sagen Sie* *meinst du* *meinen Sie*	*zu* dem Artikel?	
○ *Was für einen Eindruck*	*hast du* *haben Sie*	*von* ihm?	

Beispiel 1
Sie haben Ihre Freundin oder Ihren Freund in Ihren Tennisklub mitgenommen. Beim Hinausgehen fragen Sie:
○ Na, *wie findest du* unseren Klub?
□ Nicht schlecht.

Beispiel 2
Nach der Tagesschau:
○ *Was hältst du davon*, daß die Steuern schon wieder erhöht werden sollen?
□ Das finde ich unglaublich. Unserer Wirtschaft wird das sicherlich nicht guttun.

Übungen
In der Redaktion:
Muster 1: ○ *Wie findest du* denn die Zeitung?
 □ Also mir ist sie zu konservativ.
Muster 2: ○ Na, *was halten Sie von* dieser Zeitung?
 □ Ich halte sie für recht konservativ.
Muster 3: ○ *Wie gefällt Ihnen* die Zeitung?
 □ Nun, ist sie nicht doch recht konservativ?
Muster 4: ○ Na, *was sagen Sie zu* der Zeitung?
 □ Na ja, nicht besonders, sie ist mir doch zu konservativ.
Muster 5: ○ Herr Fischer, Sie haben die Zeitung doch auch gelesen. *Was für einen Eindruck haben Sie von* ihr?
 □ Viel zu konservativ.

Jetzt üben Sie bitte nach den Mustern 1 bis 5:
a) die Zeitung – konservativ
b) der Artikel – einseitig
c) der Bericht – lang
d) der Kommentar – oberflächlich
e) der Leitartikel – trocken
f) die Schlagzeile – grell
g) der Roman – experimentell
h) die Reportage – schwer verständlich
i) das Gedicht – sentimental
j) das Drama – politisch

Aufgaben

1. Die Meinung Ihrer Freunde ist Ihnen besonders wichtig. Was sagen Sie in folgenden Situationen?
a) Sie zeigen Ihre neue Wohnung.
b) Sie sind auf Ihre Wohnzimmermöbel, die Sie auf dem Flohmarkt gekauft haben, besonders stolz.
c) Das Bild über dem Schreibtisch hat Ihre Freundin gemalt.
d) Die Küche ist zwar klein, aber sehr praktisch.
e) Sie sind nicht sicher, ob der Gummibaum neben der Balkontür richtig steht.
f) Ihnen gefällt die Tapete im Schlafzimmer nicht besonders.
g) Der Teppich im Flur ist schon stark abgenutzt.
h) Sie möchten sich einen Kanarienvogel kaufen.

2. Ihre Kollegen fragen Sie nach Ihrer Meinung. Setzen Sie die passenden Redemittel ein.
a) ... von diesem gutbürgerlichen Gasthof?
b) ... das Konzert?
c) ... zu dem Veranstaltungsprogramm?
d) ..., daß die Hauptsaison dort erst im August beginnt?
e) ... von Bauerntänzen und Trachtenfesten?

3. Sie blättern Reiseprospekte durch und möchten die Meinung Ihrer Freundin / Ihres Freundes hören. Sie fragen, was sie / er von folgenden Angeboten hält:
a) eine Fahrt im Reisebus von München nach Budapest
b) eine Fahrt zur Tulpenblüte nach Holland
c) eine Studienreise nach Italien
d) eine Kur in Wiesbaden
e) ein Surfkurs auf einer griechischen Insel
f) eine Reise zu den Salzburger Festspielen
g) ein Wanderurlaub in Österreich
h) ein Winterurlaub im Zillertal

Wir äußern unsere Meinung 11B

a) positiv/negativ

| ☐ *Ich bin* | *der Meinung,*
der Ansicht,
der Überzeugung, | daß Umweltschutz ein
wichtiges Thema ist. |

| *Meine* | *Meinung*
Ansicht
Überzeugung | *ist,* daß Umweltschutz ein
wichtiges Thema darstellt. |

| ☐ *Ich* | *glaube,*
meine,
finde,
denke,
würde sagen,
bin (davon) überzeugt, | daß Umweltschutz ein
wichtiges Thema ist. |

| ☐ *Meines Erachtens* | | | ist Umweltschutz ein
wichtiges Thema. |

| *Meiner* | *Meinung*
Ansicht
Überzeugung | *nach* | |

| ☐ *Wenn* | *man*
Sie
du | *mich* | *fragt,*
fragen,
fragst, | ist Umweltschutz ein
wichtiges Thema. |

Für mich

Beispiel 1
Ehe ohne Trauschein?
- ○ Sollte man nicht doch einige Zeit probeweise zusammengelebt haben, ehe man heiratet?
- □ *Ich bin der Meinung*, daß man eine Ehe nicht probeweise führen kann.

Beispiel 2
Im Büro:
- ○ Sind Sie nicht der Meinung, daß der neue Chef sehr unsicher wirkt?
- □ *Ich glaube*, man sollte ihm etwas Zeit geben.

Übungen
Meinungen zu einer Sitzung:
Muster 1: ○ Was sagen Sie zu der Sitzung?
  □ *Ich bin der Meinung*, daß sie zu lange dauert.
  ○ Das finde ich auch.

Muster 2: ○ Was halten Sie von der Sitzung?
  □ *Ich glaube*, daß sie diesmal zu lange dauert.
Muster 3: ○ Und wie war die Sitzung?
  □ *Meines Erachtens* hat sie viel zu lange gedauert.
Muster 4: ○ Was sagst du denn zur Sitzung?
  □ *Wenn du mich fragst*, hat sie zu lange gedauert.

Jetzt üben Sie bitte nach den Mustern 1 bis 4:
a) die Sitzung – zu lange dauern
b) die Rede des Vorsitzenden – zu trocken sein
c) die Tagesordnung – zu viele Punkte enthalten
d) die Diskussion – zu unergiebig sein
e) die Vorschläge der Geschäftsleitung – nicht durchführbar sein
f) die Argumente der Werbeabteilung – nicht schlagkräftig genug sein

Aufgaben
1. Ihr Freund / Ihre Freundin möchte Ihre Meinung hören. Was sagen Sie?
a) Na, was sagst du zu unserem neuen Haus?
b) Bist du nicht der Meinung, daß die Wohnung für uns groß genug ist?
c) Wie findest du die Terrasse?
d) Wie gefällt dir unser Garten?
e) Was hältst du davon, daß die neue Autobahn durch unser Naherholungsgebiet gebaut werden soll?
f) Ist es nicht eine Schande, daß so wenig finanzielle Mittel für unsere Schulen bereitgestellt werden.
g) Schau dir nur den Lack dieses Wagens an! Glaubst du nicht, daß das ein guter Kauf war?
h) Was sagst du dazu, daß in unserer Stadt nun doch eine U-Bahn gebaut werden soll?

2. *Interviewen Sie Freunde, die schon einmal an einer deutschen oder einer ausländischen Universität studiert haben. Stellen Sie eine Reihe von Fragen, um ihre persönlichen Meinungen zu erfahren.*

3. *Nehmen Sie Stellung zu folgenden strittigen Themen:*
a) Die Frau gehört in die Küche.
b) Verstöße gegen das Rauchverbot in öffentlichen Gebäuden sollten mit Geldstrafen geahndet werden.
c) Junge Leute sollten im Alter von 20 Jahren spätestens das Elternhaus verlassen haben.
d) Männer und Frauen trifft die Arbeitslosigkeit gleich hart.
e) Die Länder der Dritten Welt benötigen vor allem „Hilfe zur Selbsthilfe".

b) positiv

☐ *(Er/Der)* *(Sie/Die)* *(Es/Das)*	*gefällt mir (sehr) gut!*

☐ *(Das finde ich)* *(Das ist ja)*	*ausgezeichnet!* *großartig!* *sehr schön!* *wunderbar!* *wunderschön!* *herrlich!* *phantastisch!*	*hervorragend!* *sagenhaft!* *toll!* *super!* *(ganz) prima!* *(große) Klasse!* *(echt) Spitze!*

Beispiel 1
Nicole ist stolz auf ihre Arbeit:
○ Na, Kurt, was sagst du zu meinem selbstgestrickten Pullover?
□ *Der gefällt mir* wirklich *gut*. Wann hast du den denn gestrickt?

Beispiel 2
Sie essen gern Pfannkuchen:
○ Na, wie schmecken Ihnen meine Pfannkuchen?
□ *Ausgezeichnet!*

Übungen
Auf der Autoausstellung:
Muster 1: ○ Wie finden Sie den Wagen?
□ *Er gefällt mir sehr*, besonders wegen der schönen Innenausstattung.
Muster 2: ○ Wie gefällt Ihnen der Wagen?
□ *Ich finde ihn großartig*, vor allem wegen der schönen Innenausstattung.
Muster 3: ○ Was sagst du zu diesem Wagen?
□ *Große Klasse!* Schau dir nur die schöne Innenausstattung an.
Muster 4: ○ Na, was hältst du von diesem Wagen? Hat er nicht eine schöne Innenausstattung?
□ Doch, *die ist ja sagenhaft!*

Jetzt üben Sie bitte nach den Mustern 1 bis 4:
a) die schöne Innenausstattung
b) die tolle Farbe
c) die elegante Form
d) die bequemen Sitze
e) der geräumige Kofferraum
f) das übersichtliche Armaturenbrett

Aufgaben

1. Sie sind von Ihrer Reise zurück und können die positiven Erfahrungen Ihrer Kollegen / Kolleginnen bestätigen. Drücken Sie Ihre Begeisterung aus über

a) die schöne Lage des Hotels,
b) die preiswerte Unterkunft,
c) die vorzügliche Verpflegung,
d) die malerische Landschaft,
e) das abwechslungsreiche Veranstaltungsprogramm,
f) das moderne Hallenbad,
g) das tolle Sportangebot,
h) die interessanten Feriengäste.

2. Sie sind begeistert von dem, was Ihnen Ihr Freund / Ihre Freundin zeigt. Was sagen Sie zu

a) der Briefmarkensammlung,
b) der Schallplattensammlung,
c) dem neuen Radio,
d) dem neuen Auto,
e) dem neuen Mantel,
f) dem Zeugnis,
g) den Reisedias,
h) dem neuen Computer,
i) der teuren HiFi-Anlage?

Mister Brown, ein Amerikaner, ist in Deutschland bei Verwandten zu Besuch. Sie führen ihn ins Nationaltheater, wo Hamlet gespielt wird. „Nun sag mal, Onkelchen", fragt ihn in der großen Pause seine Nichte Julia, „wie gefällt dir die Aufführung?" – *„Sehr schön"*, sagt der Onkel, „nur schade, daß ihr mit eurer Kultur in Europa immer ein Stück zurück seid. In New York habe ich Hamlet schon vor sieben Jahren gesehen."

c) negativ

☐ *(Ich finde es)* *(Das finde ich)*	*unmöglich!* *unglaublich!* *geschmacklos!* *widerwärtig!*	*scheußlich!* *unerträglich!* *fürchterlich!* *dumm!*

☐ *Ich mag es (überhaupt)*   nicht, wenn ...
   Es gefällt mir (überhaupt)
   Mir gefällt es (wirklich)

☐ *Um Gottes willen!*
   Um Himmels willen!

☐ *Der (er)* *Die (sie)* *Das (es)*	*ist*	*nicht mein Fall.* *nichts für mich.*

Beispiel 1
Unter Steuerzahlern:
○ Wie finden Sie das neue Energieprogramm der Regierung?
☐ *Unmöglich!* Die geplanten Maßnahmen ergeben doch überhaupt keinen Sinn.

Beispiel 2
Nach der Betriebsversammlung:
○ Na, wie fandest du es?
☐ Also, *ich mag es überhaupt nicht*, wenn alle durcheinander reden.

Übungen

Auf einer Party:

Muster 1: ○ Wie gefällt dir Marias neuer Freund?
  □ Der Punk da? *Ich finde ihn unmöglich!* Schau dir mal seine durchlöcherte Hose an!

Muster 2: ○ Was sagen Sie zu der neuen Freundin unseres Gastgebers?
  □ Also, *ich mag es überhaupt nicht*, wenn jemand mit solch einer durchlöcherten Hose herumläuft.

Muster 3: ○ Was sagst du zu Michaelas Aufmachung?
  □ *Um Gottes willen!* Hast du ihre durchlöcherte Hose gesehen?

Muster 4: ○ Na, was hältst du von Gregors Freund?
  □ *Der ist nun wirklich nicht mein Fall.* Vor allem die durchlöcherte Hose stört mich.

Jetzt üben Sie bitte nach den Mustern 1 bis 4:
a) die durchlöcherte Hose
b) die komische Frisur
c) die gefärbten Haare
d) die schmutzige Jeans
e) die alte Jacke
f) die langen Ohrringe

Aufgaben

Was sagen Sie in folgenden Situationen?
Sie sind enttäuscht von
a) dem neuen Film,
b) der Ausstellung „Moderne Malerei",
c) dem Diavortrag über Afrika,
d) der Theaterpremiere,
e) der neuen Schuhmode,
f) dem neuen Heimatmuseum,
g) der Stadtrundfahrt,
h) der Renovierung des alten Rathauses.

„Wie gefällt Ihnen das neue Theaterstück?" – „*Unmöglich!* Ich rate allen, nach dem zweiten Akt fortzugehen." – „Warum nach dem zweiten Akt?" – „Nach dem ersten ist das Gedränge an der Garderobe zu groß."

d) unentschieden / vorsichtig-negativ

☐ (Na ja,)	nicht besonders ... einigermaßen ... es geht ... es könnte besser sein ... so lala ...
☐ (Na ja,)	wie man's nimmt ... (das ist) Geschmackssache ... (es) kommt darauf an ...

Beispiel 1
Im Büro:
○ Wie fanden Sie gestern abend die Fernsehdiskussion über die Pressekonzentration?
☐ *Na ja, nicht besonders* überzeugend.

Beispiel 2
Nach der Modenschau:
○ Na, was sagst du zu der neuen Mode?
☐ *Wie man's nimmt*, die schmalen Röcke gefallen mir ganz gut, aber die Blusen ohne Kragen wirken recht streng.

Übungen

Nach dem Vortrag:

Muster 1: ○ Was halten Sie von dem Vortrag des Vorsitzenden?
  □ *Na ja, nicht besonders*, aber was kann man auch bei diesem Thema erwarten.

Muster 2: ○ Wie hat Ihnen der Vortrag des Vorsitzenden gefallen?
  □ *Wie man's nimmt*, sein letzter Vortrag hat mir besser gefallen.

Muster 3: ○ Hast du gestern den Vortrag des Vorsitzenden gehört?
  □ Aber sicher!
  ○ Und wie fandest du ihn?
  □ *Na ja, es geht.* Ich habe schon bessere Vorträge gehört.

Jetzt üben Sie bitte nach den Mustern 1 bis 3:
a) der Vorsitzende – der Vortrag
b) der Chef – die Rede
c) die Professorin – das Referat
d) der Ministerpräsident – die Ansprache
e) der Abgeordnete – der Bericht
f) der Kollege – die Vorlesung

Aufgaben

1. Sie sind nicht beeindruckt. Üben Sie im Dialog:
Ihre Freundin / Ihr Freund stellt Ihnen Fragen
a) nach einer Reise,
b) nach einer Sitzung,
c) nach einer Party,
d) nach der Besichtigung einer Ausstellung,
e) nach dem ersten Abend mit einer neuen Bekanntschaft,
f) nach einer Vorlesung,
g) nach einer Theaterpremiere.

2. Reagieren Sie (unentschieden / vorsichtig-negativ / Ihren Vorstellungen entsprechend) auf die Fragen in Aufgabe 1, Kapitel 11 B a.

Wir bitten um die Zustimmung des anderen

○ Der Wagen fährt sich doch großartig, | *findest du* | *nicht*
　　　　　　　　　　　　　　　　　　　　| *finden Sie* | *auch?*

　Die Ausstellung | ist | doch großartig, | *nicht wahr?*
　　　　　　　　　| war |　　　　　　　　| *oder?*

　Ist | die Schauspielerin *nicht großartig?*
　War |

○ *Findest du* | nicht auch, daß ... (einfach) großartig ist?
　Finden Sie
　Meinst du
　Meinen Sie
　Glaubst du
　Glauben Sie

　Würdest du | nicht auch sagen, daß ... (einfach)
　Würden Sie |　　　　　　　　　　　　großartig ist?

　Bist du | nicht auch der Meinung, daß ... (einfach)
　Sind Sie |　　　　　　　　　　　　　großartig ist?

○ *Findest du* | es nicht auch (einfach) großartig, daß ...?
　Finden Sie |

○ *Dir* | hat (doch) | der ... | (auch) gefallen, oder?
　Ihnen |　　　　　| die ... |
　　　　　|　　　　　| das ... |

○ *Ich weiß nicht, was* | *du* | darüber | denkst, | aber ...
　　　　　　　　　　　　| *Sie* |　　　　　| denken,

Beispiel 1
Sie lassen Ihren Freund Ihr neues Motorrad ausprobieren und fragen:
○ Die Maschine fährt sich ganz gut, *findest du nicht auch?*
□ Doch, ganz große Klasse!

Beispiel 2
Sie empören sich über die Sprache in der Werbung:
○ *Finden Sie nicht*, daß Sprüche wie „Die Leichte für Starke" oder Begriffe wie „schokoschmackig" einfach schrecklich sind?
□ Allerdings!

Übungen
In der Stadt:
Muster 1: ○ Diese Ausstellung ist einfach großartig, *oder?*
　　　　　□ In der Tat! Wie oft findet sie eigentlich statt?
　　　　　○ Meines Wissens jedes Jahr.
Muster 2: ○ *Finden Sie nicht auch*, daß die Ausstellung großartig ist?
　　　　　□ O ja! Ich besuche sie jedes Jahr, weil sie mir so gefällt.
Muster 3: ○ *Finden Sie es nicht auch* erstaunlich, daß diese Ausstellung jedes Jahr so gut besucht wird?
　　　　　□ Nun, sie hat ja auch einiges zu bieten.
Muster 4: ○ *Ihnen hat doch* die Ausstellung *auch gefallen, oder?*
　　　　　□ O ja! Ich komme jedes Jahr her.
Muster 5: ○ *Ich weiß nicht, was Sie darüber denken, aber* die Ausstellung ist doch wirklich sehenswert.
　　　　　□ Ganz meine Meinung! Ich werde im nächsten Jahr sicherlich wieder hier sein.

Jetzt üben Sie bitte nach den Mustern 1 bis 5:

a) die Ausstellung
b) die Buchmesse
c) die Gartenschau
d) die Filmfestspiele
e) die Handwerksmesse
f) das Musikfestival
g) der Antiquitätenmarkt
h) der Flohmarkt
i) die Modenschau

Aufgaben

Sie erwarten Zustimmung. Üben Sie im Dialog.

a) Sie waren zusammen im Kino. Der Film hat Ihnen gefallen.
b) Ein Bekannter gibt Ihnen ein Buch zurück, das Sie ihm geliehen und zur Lektüre empfohlen haben.
c) Sie lassen jemanden Ihr neues Fahrrad ausprobieren.
d) Der neue Kassettenrecorder hat eine besonders gute Tonqualität.
e) Sie haben eben den Fernseher abgestellt. Die letzte Sendung hat Ihnen gut gefallen.
f) Sie sprechen mit Bekannten über das Restaurant, das sie Ihnen empfohlen hatten.

12B Wir reagieren auf eine Bitte um Zustimmung

a) positiv

☐ *Doch!* *In der Tat!*
  O ja! *Ganz meine Meinung!*
  Stimmt! *(Ganz) ohne Zweifel!*
  Ohne Frage! *Auf jeden Fall!*

☐ *Das finde ich auch.*
  Das würde ich auch sagen.

☐ *Da bin ich | (ganz) | deiner | Meinung.*
  * | (völlig) | Ihrer | Ansicht.*

  Da stimme ich | dir | voll und ganz zu.
  * | Ihnen |*

  Da | hast du | völlig recht.
  * | haben Sie |*

  Da kann ich | dir | nur zustimmen.
  * | Ihnen |*

  Da bin ich | der gleichen | Meinung | wie | du.
  * | | Ansicht | | Sie.*

  Da sind wir | (ganz) einer Meinung.
  * | uns einig.*

  Da bin ich | voll und ganz | mit | dir | einverstanden.
  * | völlig | | Ihnen |*

Beispiel 1
Nach dem Besuch:
○ Sind Sie nicht der Meinung, daß sich die Gastgeberin sehr viel Mühe gegeben hat?
□ *Doch! Das finde ich auch.*

Beispiel 2
○ In den Nachrichtensendungen werden doch viel zu viele Fremdwörter benutzt, oder?
□ *Das finde ich auch.* Man sollte mehr Rücksicht auf die Zuschauer nehmen und die Nachrichten einfacher formulieren.

Übungen
Nach dem Film:
Muster 1: ○ Was meinen Sie, war der Film nicht wirklich sehenswert?
□ *Doch, er hat mir auch gefallen.*
Muster 2: ○ Der Film war doch sehenswert, oder?
□ *Ja, das finde ich auch.*
Muster 3: ○ War der Film nicht wirklich sehenswert?
□ *O ja! Da bin ich ganz Ihrer Meinung.*

Jetzt üben Sie bitte nach den Mustern 1 bis 3:
a) der Film – sehenswert
b) das Drehbuch – ausgezeichnet
c) die Rollenbesetzung – hervorragend
d) die Hauptdarstellerin – erstklassig
e) der Regisseur – gut
f) die Filmmusik – wunderschön

Aufgaben

1. Stimmen Sie folgenden Aussagen zu:
a) Auf dem Land lebt es sich angenehmer als in der Stadt.
b) Städte bieten mehr Abwechslung als das Land.
c) Das Vorstadtleben ist oft eintönig.
d) Landkinder sind gesünder als Stadtkinder.
e) Stadtkinder sind oft nervös.

2. Auch Sie machen sehr gerne Urlaub auf dem Campingplatz. Begründen Sie Ihre Zustimmung.
a) Camping ist der ideale Urlaub für Naturfreunde.
b) Camper haben die nettesten Nachbarn.
c) Camping ist billiger als jede andere Art von Urlaub.
d) Ein Campingplatz fördert Kontakte zu anderen Urlaubern.
e) Für Kinder ist ein Campingplatz geeigneter als ein Hotel.
f) Beim Camping fühlen sich die Menschen von den starren Regeln des Alltags befreit.
g) Soviel Nachbarschaftshilfe wie unter Campern erlebt man selten.
h) Beim Camping kann man das eigene Heim mitnehmen.

b) negativ

☐ *Da bin ich (aber)*	*nicht (ganz)*	*deiner*	*Meinung.*
	ganz und gar nicht	*Ihrer*	
	anderer		
	gegenteiliger		
	nicht (ganz) mit	*dir*	*einverstanden.*
		Ihnen	

☐ *Das sehe ich anders.*   ☐ *Nein, da* | *täuschst du dich!*
Das finde ich nicht. | *täuschen Sie sich!*
Das würde ich nicht sagen.

Beispiel 1
Unter Kollegen:
○ Glauben Sie nicht, daß der Kollege überlastet ist?
□ *Da bin ich aber nicht ganz Ihrer Meinung.* In dieser Abteilung gibt es doch nur am Monatsende viel zu tun.

Beispiel 2
○ Die Jugend braucht Aufgaben, Ziele und Vorbilder.
□ *Das sehe ich ganz anders*, denn wo eine autoritäre Erziehung hinführen kann, haben wir ja aus der Geschichte gelernt.

Übungen
Nach der Premiere:
Muster 1: ○ Ich fand das Theaterstück hervorragend.
  □ *Da bin ich aber nicht ganz Ihrer Meinung*, ich habe schon Besseres gesehen.
Muster 2: ○ In der Zeitung steht, daß das Theaterstück hervorragend gewesen sein soll.
  □ Ach, was die Kritiker so alles schreiben! *Ich sehe das schon etwas anders.*
Muster 3: ○ Sagten Sie nicht letzte Woche, daß das Theaterstück hervorragend sein soll?
  □ *Nein, da täuschen Sie sich!* Ich habe es doch gar nicht gesehen.

Jetzt üben Sie bitte nach den Mustern 1 bis 3:
a) das Theaterstück – hervorragend
b) das Schauspiel – ausgezeichnet
c) die Szene – spannend
d) der Hauptdarsteller – glänzend
e) das Konzert – großartig
f) die Aufführung – erstklassig

Aufgaben

1. Sie sind anderer Meinung. Was sagen Sie?
Jemand spricht begeistert von
a) einem Buch, das er kürzlich gelesen hat;
b) einem Film, der viel Aufsehen erregt hat;
c) einer Vorlesung, die Sie auch gehört haben;
d) der letzten Schallplatte eines internationalen Rockstars;
e) dem letzten Spiel der Fußballmannschaft seiner Stadt;
f) den Vorteilen eines Club-Urlaubs;
g) autogenem Training gegen Kopfschmerzen;
h) einem Yoga-Kurs;
i) einer Fastenkur;
j) dem gemeinsamen Wochenende.

2. Reagieren Sie mit den Redemitteln dieses Kapitels auf die Feststellungen in den Aufgaben des Kapitels 12 B a.

3. Wie stehen Sie zu diesem heiklen Thema? Reagieren Sie Ihrer Meinung entsprechend, und geben Sie Begründungen.
a) Wenn ein Todkranker nicht mehr weiterleben will, sollte der Arzt Sterbehilfe geben dürfen.
b) Ein Arzt, der Sterbehilfe gibt, darf auf keinen Fall bestraft werden.
c) Nur wenn jemand Monate im Koma liegt, sollte Sterbehilfe gegeben werden.
d) Die Entscheidung über Tod und Leben sollte jeder selbst treffen, wenn er gesund und bei klarem Verstand ist.
e) Ein Gesetz sollte dem Arzt die Sterbehilfe erlauben.
f) Medizinische Maßnahmen, die nur noch eine sinnlose Qual verlängern, sollten eingestellt werden.
g) Das Leben ist ein Geschenk, man sollte es sich nicht selbst nehmen dürfen.

c) vorsichtig-ablehnend

- Ehrlich | gesagt ...   Offen gestanden ...
  Aufrichtig

- Wenn ich | aufrichtig | sein soll ...
           | ehrlich
           | die Wahrheit sagen soll ...

- Um ehrlich zu sein ...
  Um die Wahrheit zu sagen ...

Beispiel 1
Ihre Freundin zeigt Ihnen ihren neuen Mantel.
○ Wie gefällt er dir?
□ Der Mantel gefällt mir, aber *ehrlich gesagt*, die Farbe steht dir nicht.

Beispiel 2
Beim Essen:
○ Na, wie schmeckt Ihnen dieser Rheinwein?
□ Nicht schlecht, aber *wenn ich aufrichtig sein soll*, so wäre mir ein guter Moselwein lieber gewesen.

Übungen

Vor dem Theaterbesuch:

Muster 1: ○ Na, wie gefällt dir mein Kleid? Ist es nicht wunderschön?
　　　　　□ *Ehrlich gesagt*, es ist mir etwas zu gewagt.

Muster 2: ○ Was sagen Sie zu meinem Kleid? Ist es nicht wunderschön?
　　　　　□ *Wenn ich aufrichtig sein soll*, finde ich es etwas gewagt.

Muster 3: ○ Ist mein Kleid nicht wunderschön?
　　　　　□ *Um ehrlich zu sein*, ich würde damit nicht ins Theater gehen. Es ist viel zu gewagt.
　　　　　○ Ach, was verstehst du schon von Kleidern!

Jetzt üben Sie bitte nach den Mustern 1 bis 3:

a) das Kleid – gewagt
b) die Bluse – bunt
c) der Rock – kurz
d) die Schuhe – hoch
e) der Hut – altmodisch
f) die Jacke – bunt

Aufgaben

1. Es ist nicht leicht zuzustimmen. Was sagen Sie?

a) Ihre Freundin, die stolz auf ihre Kochkünste ist, hat Sie zum Abendessen bei sich eingeladen. Sie hat sich sehr viel Mühe gegeben, doch die Steaks sind zäh.
　○ Wie schmeckt es dir?
　□ ...

b) Ihr Freund hat den Entenbraten nach einem französischen Rezept zubereitet. Sie mögen Ente aber gar nicht.
　○ Schmeckt dir die Ente?
　□ ...

c) Salate sind die Spezialität Ihrer Freundin. Für Ihren Geschmack gibt sie jedoch immer zuviel Knoblauch hinein.
　○ Der Salat ist doch köstlich, findest du nicht?
　□ ...

d) Ihr Gastgeber bietet einen sehr guten französischen Camembert an. Sie mögen aber überhaupt keinen Käse.
   ○ Wie finden Sie den Camembert?
   □ ...
e) Die Götterspeise, die Ihnen Ihre Mutter zubereitet hat, schmeckt ausgezeichnet; nur dürfen Sie nicht viel davon essen, weil Sie sonst zu dick werden.
   ○ Ist die Götterspeise nicht lecker?
   □ ...
f) Ihre Freundin liebt Chopin und hat alle ihre Platten hervorgeholt. Sie mögen Klaviermusik nicht besonders.
   ○ Sind seine Konzerte nicht zauberhaft?
   □ ...
g) Nach dem Kino möchte Ihr Freund noch in eine Diskothek. Sie haben tagsüber viel gearbeitet und sind müde.
   ○ Wie wär's, wenn wir noch ins GETAWAY gehen?
   □ ...
h) Ihre Freundin möchte einen Spaziergang machen. Es ist ein klarer, aber eiskalter Winterabend.
   ○ Ist es nicht ein herrlicher Abend für einen kleinen Spaziergang?
   □ ...

2. *Reagieren Sie (vorsichtig-ablehnend) auf die Feststellungen in den Aufgaben des Kapitels 12 B a.*

3. *Sie besprechen verschiedene Themen des Umweltschutzes. Reagieren Sie auf die folgenden Vorschläge mit Hilfe der Redemittel der Kapitel 12 A/B a–c.*
a) Die Besucherzahl in den Nationalparks sollte beschränkt werden.
b) Auf unseren Seen sollte die Benutzung von Motorbooten verboten werden.

c) Umweltschützer hindern die moderne Gesellschaft am Fortschritt.
d) Die Landwirtschaft sollte auf den Einsatz von chemischen Mitteln verzichten.
e) Wir müssen unsere Energie besser nutzen.
f) Wir brauchen mehr Fahrradwege in den Städten.
g) Jeder sollte ein schadstoffarmes Auto kaufen.

d) unentschieden / vorsichtig-negativ

☐ *Wie man's nimmt!*   ☐ *Das ist schwer zu sagen.*
   Je nachdem ...   *Das kommt darauf an.*

Darüber | *könnte man* | *streiten.*
           läßt sich
           kann man verschiedener Meinung sein.
           gibt es verschiedene Meinungen.

☐ *Da bin ich nicht so sicher.*
   Ich bin nicht so sicher, ob Sie recht haben.
   Darüber bin ich mir nicht im klaren.

Beispiel 1
○ War das nicht eine hervorragende Fernsehsendung?
☐ *Wie man's nimmt!* Der Schluß hat mich nicht sonderlich beeindruckt.

Beispiel 2
Zum Problem „berufstätige Hausfrau":
○ Sind Sie nicht auch der Meinung, daß sich eine Frau zwischen Beruf und Familie entscheiden muß?
☐ *Das ist schwer zu sagen.* Manche Frauen können beides auch recht gut miteinander verbinden.

Übungen

Auf der Modenschau:

Muster 1: ○ Also die neue Frühjahrsmode gefällt mir doch recht gut.
 □ *Wie man's nimmt!* Mir sind die Röcke zu kurz.

Muster 2: ○ Gefällt Ihnen die italienische Mode dieses Jahr nicht auch besser als die französische?
 □ *Das ist schwer zu sagen.* Die italienischen Röcke gefallen mir aber auf jeden Fall besser, weil sie nicht so kurz sind.

Muster 3: ○ Werden kurze Röcke im nächsten Jahr nicht wieder in Mode kommen?
 □ *Da bin ich noch nicht so sicher.* Aber man weiß ja nie!

Jetzt üben Sie bitte nach den Mustern 1 bis 3:

a) die Röcke – kurz
b) die Strickwaren – bunt
c) die Hemden – weit
d) die Hosen – eng
e) die Gürtel – breit
f) die Anzüge – leger

Aufgaben

1. Die Frage ist strittig. Was sagen Sie?

a) Na, was sagst du zu unserer Stadt? Ist sie nicht schön?
b) Bist du nicht der Meinung, daß die Arbeit hier interessant ist?
c) Sind die Leute hier nicht ausgesprochen freundlich?
d) Was hältst du von dem Baustil im Stadtzentrum? Findest du ihn nicht imposant?
e) Wie findest du das Restaurant? Ist es nicht ausgezeichnet?
f) Findest du nicht auch, daß unsere Straßen und Parks gepflegt sind?
g) Du hast doch schon unser Theater gesehen. Ist das nicht ein schönes, altes Gebäude?
h) Du hast doch das Olympische Dorf besichtigt. Ist es nicht einmalig?

2. *Reagieren Sie (unentschieden / vorsichtig-negativ) auf die Feststellungen in den Aufgaben des Kapitels 12 B b (Aufgaben 1 und 3).*

3. *Stellen Sie eine Reihe provozierender Meinungsäußerungen sowie die zu erwartenden Reaktionen zusammen.*

13 A Wir erkundigen uns nach dem Befinden des anderen

○ *Wie geht's? Wie geht es* | *dir?*
| *Ihnen?*

○ *Geht es* | *dir* | *nicht gut?*
| *Ihnen* |

Was ist denn mit | *dir* | *los?*
| *Ihnen* |

Was | *hast du* | *denn?*
| *haben Sie* |

○ *Was ist* | *dir* | *denn über die Leber gelaufen?*
| *Ihnen* |

Was machst du denn für ein Gesicht?
Du machst ja ein Gesicht wie sieben Tage Regenwetter!

○ *Du bist (aber)* | *schlecht gelaunt!*
Sie sind (aber) | *sauer!*

○ *Was macht denn ... ?*

Beispiel 1
Sie treffen einen Freund.
○ Na, *wie geht's?*
□ Ganz gut. Und dir?

Beispiel 2
Ihre Kollegin wirkt sehr nervös. Sie fragen:
○ *Geht es dir nicht gut?*
□ Ach, weißt du, die Arbeit und der Haushalt wachsen mir langsam über den Kopf.

Übungen
1. Sie begrüßen sich und fragen nach dem Befinden:
Muster : ○ Und *wie geht's* Ihnen?
  □ Danke, recht gut.

Jetzt üben Sie bitte nach dem Muster:
a) Sie
b) dein Sohn
c) Ihre Tochter
d) Ihre Kinder
e) dein Freund
f) Ihre Mutter

2. Sie sind nicht gleichgültig.
Muster 1: ○ *Geht es Ihnen nicht gut?* So blaß habe ich Sie ja noch nie gesehen.
  □ Ich fühle mich einfach nicht wohl, und das schon seit Tagen.

Jetzt üben Sie bitte nach Muster 1:
a) blaß – sich nicht wohl fühlen
b) abgespannt – viel zu tun haben
c) mitgenommen – Zahnschmerzen haben
d) deprimiert – Ärger im Büro haben
e) nervös – Probleme zu Hause haben

Muster 2: ○ *Was ist dir denn über die Leber gelaufen?*
 □ Ach, nichts als Ärger im Büro ...
Muster 3: ○ *Sie sind aber heute schlecht gelaunt!*
 □ Ach, wissen Sie, der Ärger im Büro geht mir ganz schön auf die Nerven.

Jetzt üben Sie bitte nach den Mustern 2 und 3:
a) Ärger im Büro
b) Probleme mit den Kindern
c) Reklamationen
d) Streitereien mit den Kollegen

Muster 4: ○ *Was macht denn deine Erkältung?*
 □ Es wird immer schlimmer, ich glaube, ich muß mal zum Hals-Nasen-Ohrenarzt.

Jetzt üben Sie bitte nach Muster 4:
a) die Erkältung – der Hals-Nasen-Ohrenarzt
b) der Kopf – der Internist
c) die Zähne – der Zahnarzt
d) die Augen – der Augenarzt

Aufgaben

1. Was sagen Sie in folgenden Situationen?
a) Sie treffen einen alten Bekannten und begrüßen ihn.
b) Sie treffen Ihren Freund, den sie lange nicht gesehen haben. Er sieht ganz verstört aus.
c) Sie rufen bei Ihrer Freundin an. Sie klingt sehr deprimiert.
d) Ihr Bruder sieht ganz bedrückt aus.
e) Ihre Mutter begrüßt Sie mit verweinten Augen.
f) Ihr Vater brummelt nur so vor sich hin.
g) Ihre Kollegin wirkt seit einigen Tagen ganz niedergeschlagen.
h) Ihr Tennispartner ist heute sehr unkonzentriert.
i) Ihre Freundin hat schon gestern über Magenschmerzen geklagt.

2. *Üben Sie im Dialog.*
Jeder hat seine Probleme:
a) Ihr Chef knallt die Türen zu.
b) Ihre Sekretärin vertippt sich dauernd.
c) Ihr Kollege ist sehr zerstreut.
d) Ihre Kollegin verspricht sich immerzu.
e) Ihre Klavierschülerin verspielt sich fortwährend.
f) Ihre Tanzpartnerin tritt Ihnen dauernd auf die Füße.
g) Ihr Mitspieler beim Tennis-Doppel paßt nicht auf.
h) Ihr Freund sieht erschreckend blaß aus.

Wir reagieren auf Fragen nach dem Befinden 13 B

☐ *(Sehr) gut.*   *Es geht.*   *Gar nicht gut.*
   Ich bin zufrieden.   *Leidlich.*   *Ziemlich mies.*
   Hervorragend.   *So lala.*   *(Sehr) schlecht.*
   Ausgezeichnet.   *Es muß.*
                      Könnte besser sein.

☐ *Du wirst* | *es nicht glauben ...*
   Sie werden

   Stell dir | *vor ...*
   Stellen Sie sich

☐ *(Ach,)* | *weißt du ...*
        | *wissen Sie ...*

☐ *Eigentlich wollte ich* | *es für mich behalten ...*
                            | *es niemandem sagen ...*
                            | *mit niemandem darüber reden ...*

Beispiel 1

Unter Kollegen:
○ Wie geht's Ihnen denn heute?
□ *Gut*, danke. Wenn nur die Arbeit nicht wäre!

Beispiel 2

Unter Nachbarinnen:
○ Was ist Ihnen denn über die Leber gelaufen?
□ *Sie werden es nicht glauben*, aber mein Untermieter ist ausgezogen, ohne seine Miete zu bezahlen.

Übungen

1. Hallo, wie geht's!

Muster: ○ Hallo, Peter! Wie geht's dir denn?
    □ Danke, *gut*.

Jetzt üben Sie bitte nach dem Muster:
a) Peter
b) Karin
c) Kinder
d) Frau Sachs

2. Ärgerliches Verhalten:

Muster 1: ○ Was hast du denn?
    □ *Du wirst es nicht glauben*, aber deine Schwester ist einfach gegangen, ohne ein Wort zu sagen.
Muster 2: ○ Was ist denn mit dir los? Warum bist du so schlecht gelaunt?
    □ *Ach, weißt du*, mir reicht es jetzt mit deiner Familie. Deine Schwester ist gerade gegangen, ohne ein Wort zu sagen.

Jetzt üben Sie bitte nach den Mustern 1 und 2:
a) deine Schwester – ohne ein Wort zu sagen
b) deine Mutter – ohne mir einen Blick zu schenken
c) dein Bruder – ohne sich bei mir zu bedanken

d) dein Vater – ohne mir die Hand zu reichen
e) Gabi und Gerd – ohne sich zu verabschieden

3. Schlechte Nachrichten:

Muster: ○ Was haben Sie denn? Sie sehen so niedergeschlagen aus.
　　　　□ *Ach, eigentlich wollte ich es für mich behalten.* Ich habe gerade eine schlechte Nachricht bekommen ...

Jetzt üben Sie bitte nach dem Muster:
a) eine schlechte Nachricht
b) ein negativer Bescheid
c) eine Absage auf eine Bewerbung
d) die Kündigung
e) eine schlechte Note in Mathematik
f) ein Bußgeldbescheid

Aufgaben

Was sagen Sie in folgenden Situationen?

a) Man hat Ihnen eben Ihre Brieftasche gestohlen.
　○ Was ist dir denn über die Leber gelaufen? Du siehst ja ganz verstört aus!
　□ ...

b) Man hat Ihnen das Stipendium nicht genehmigt.
　○ Warum bist du heute so schlecht gelaunt?
　□ ...

c) Sie haben eben den Wagen Ihres Vaters gegen eine Mauer gefahren.
　○ Was hast du denn? Du bist ja so blaß.
　□ ...

d) Sie haben die Aufnahmeprüfung der Dolmetscherschule nicht bestanden.
　○ Was ist denn mit dir los? Schlecht gelaunt?
　□ ...

e) Sie sind bei der Prüfung durchgefallen.
   ○ Was haben Sie denn? Sie sehen ja nicht gerade glücklich aus.
   □ ...
f) Ihre Vermieterin hat Ihnen gekündigt.
   ○ Was ist dir denn über die Leber gelaufen?
   □ ...
g) Sie haben die erwartete Arbeitsgenehmigung nicht bekommen.
   ○ Du bist ja heute so schlecht gelaunt. Was ist los?
   □ ...
h) Ihr Freund will ohne Sie Ferien machen.
   ○ Du machst ja heute ein Gesicht ...!
   □ ...
i) Sie haben eine wichtige Sitzung verpaßt.
   ○ Was haben Sie? Ist irgend etwas schiefgelaufen?
   □ ...

14 Wir wollen uns mit dem anderen freuen

> ○ *Du bist ja* | *so guter Laune!*
> *Sie sind ja* | *so guter Stimmung!*
> | *so gut aufgelegt!*
> | *so guter Dinge!*
>
> ○ *Du strahlst ja so!*
> *Sie strahlen ja so!*

Beispiel 1
Am Telefon:
○ *Du bist ja* heute *so guter Laune.*
□ Stell dir vor, ich habe die Stelle als Dolmetscherin bekommen!

Beispiel 2
Vor der Verabredung:
○ Was hast du vor? *Du strahlst ja so!*
□ Nun, ich bin auf dem Weg zu einer netten Verabredung.

Übungen
Sie haben Glück.
Muster 1: ○ *Du bist aber* heute *guter Laune!*
□ Stell dir vor, ich habe im Lotto gewonnen!
Muster 2: ○ *Du strahlst ja so!*
□ Würdest du dich nicht auch freuen, wenn du im Lotto gewonnen hättest?

Jetzt üben Sie bitte nach den Mustern 1 und 2:
a) im Lotto gewinnen
b) sich bis über beide Ohren verlieben
c) die Prüfung bestehen
d) zum Direktor befördert werden
e) endlich eine Wohnung finden
f) eine Arbeitsgenehmigung bekommen

Aufgaben
Es könnte nicht besser gehen. Üben Sie im Dialog.
a) Ihre Schwester hat ein Stipendium bekommen.
b) Ihr Freund hat beim Fußballtoto eine größere Summe gewonnen.
c) Ihre Freundin hat eine Eins im Aufsatz.
d) Ihr Klassenkamerad hat ein Auto geschenkt bekommen.
e) Ihr Bekannter hat die seit langem erhoffte Stelle bekommen.
f) Ihr Bruder ist eben Vater geworden.
g) Ihre Kollegin hat sich verlobt.
h) Ihr Chef hat endlich den langerwarteten Auftrag bekommen.
i) Ihre Freundin hat ihre Doktorarbeit endlich zu Ende gebracht.
j) Ihr Nachbar hat eine Urlaubsreise gewonnen.

15A Wir bedanken uns

○ (Haben Sie) vielen Dank! Danke!
besten Danke schön!
herzlichen Danke sehr!
tausend Danke vielmals!

○ Ich danke dir ...   Ich bedanke mich ...
Ihnen ...

Ich bin dir sehr dankbar ...
Ihnen

○ Ich weiß gar nicht, wie ich mich bedanken soll.

Beispiel 1
Sie sind in einer fremden Stadt und fragen:
○ Können Sie mir sagen, wie ich zur Universitätsbibliothek komme?
□ Die Universitätsbibliothek. – Die ist auf der Inneren Kanalstraße. Gehen Sie immer geradeaus, bis zur nächsten großen Kreuzung. Dort gehen Sie links. Die Universitätsbibliothek ist nach ungefähr fünfhundert Metern auf der rechten Seite.
○ *Vielen Dank!*

Beispiel 2
Am Telefon:
□ Wir haben den Artikel leider nicht mehr auf Lager. Am besten fragen Sie direkt beim Großhändler an.
○ Gute Idee! *Ich danke Ihnen* für diesen Tip.

Übungen

1. Im Rathaus:

Muster 1: ○ Entschuldigen Sie, wo ist das Einwohnermeldeamt!
　　　　　□ Im ersten Stock.
　　　　　○ *Vielen Dank!*

Muster 2: ○ Noch eine letzte Frage: wo bekomme ich die Anträge?
　　　　　□ Da müssen Sie zum Einwohnermeldeamt; das ist im ersten Stock.
　　　　　○ Gut, *ich danke Ihnen* für Ihre Hilfe.

Jetzt üben Sie bitte nach den Mustern 1 und 2:
a) das Einwohnermeldeamt – im ersten Stock
b) das Standesamt – auf dieser Etage, Zimmer 205
c) das Ausländeramt – im Erdgeschoß
d) die Zulassungsstelle für Kraftfahrzeuge – eine Treppe höher

2. Helfer in der Not:

Muster: □ So, ich habe die Zündkerzen gereinigt. Jetzt müßte Ihr Wagen wieder laufen.
　　　　○ Was hätte ich nur ohne Ihre Hilfe hier auf der Autobahn gemacht! *Ich weiß gar nicht, wie ich Ihnen danken soll.*

Jetzt üben Sie bitte nach dem Muster:
a) die Zündkerzen – reinigen　　c) die Zündkontakte – trocknen
b) das Batteriekabel – säubern　　d) der Vergaser – einstellen

Aufgaben

1. Drücken Sie in folgenden Situationen Ihren Dank aus.
Man hat Sie
a) zum Essen eingeladen,　　d) gut bewirtet,
b) nett empfangen,　　　　　e) nach Hause gebracht,
c) pünktlich abgeholt,　　　　f) im Krankenhaus besucht,
　　　　　　　　　　　　　　g) angerufen.

2. Vergessen Sie nicht, sich zu bedanken.
a) Ihr Freund hat Ihnen einen guten Tip gegeben.
b) Ihre Freundin hat Sie zu einer Party eingeladen.
c) Ihre Kollegin hat Ihnen bei der Beantwortung einiger Briefe geholfen.
d) Ihr Kollege hat Ihnen beim Ausfüllen eines Antragsformulars geholfen.
e) Ihre Nachbarin hat Ihren Mantel mit in die Reinigung genommen.
f) Ein Bekannter hat Ihnen sein Auto geliehen.
g) Sie sind mit Ihrem Computer-Programm nicht zurechtgekommen. Ein Kollege hat Ihnen geholfen.

3. Sie verabschieden sich nach
a) einem Wochenendaufenthalt bei Freunden,
b) einem Abendessen bei Geschäftsfreunden,
c) einem mehrwöchigen Ferienaufenthalt bei Ihrer Familie,
d) einem hilfreichen Gespräch,
e) einem erfolgreichen Geschäftsabschluß,
f) einer Einladung in ein Restaurant.

15 B Wir reagieren auf das „Dankeschön" des anderen

> ☐ *Bitte!* *Bitte schön!*
> *Bitte sehr!*
>
> ☐ *Nichts zu danken!* *Keine Ursache!*
> *Gern geschehen!* *Aber bitte ...!*
>
> ☐ *Das ist doch selbstverständlich!*
> *Das ist doch eine Selbstverständlichkeit!*

Beispiel 1
Auf der Straße:
○ Entschuldigung, wie spät ist es?
□ Es ist genau drei Uhr.
○ Vielen Dank.
□ *Bitte!*

Beispiel 2
Ein Kollege hat Sie in seinem Wagen mitgenommen.
○ Bis morgen! Und vielen Dank für's Mitnehmen.
□ *Nichts zu danken!* Tschüs!

Übungen
Am Telefon:
Muster 1: ○ Ich danke Ihnen für die Auskunft.
　　　　　□ Aber *bitte!*
Muster 2: ○ Haben Sie vielen Dank für die Auskunft.
　　　　　□ *Nichts zu danken!*
Muster 3: ○ Diese Auskunft hilft mir wirklich weiter. Vielen Dank für Ihre Bemühungen!
　　　　　□ *Das ist doch selbstverständlich!*

Jetzt üben Sie bitte nach den Mustern 1 bis 3:
a) die Auskunft   c) der Ratschlag   e) die Information
b) der Tip   d) der Hinweis

Aufgaben
Sie haben es gerne getan. Antworten Sie entsprechend.
a) Ich danke Ihnen für Ihre Bemühungen.
b) Ich weiß gar nicht, wie ich Ihnen für Ihre Hilfe danken soll.
c) Ich danke vielmals für den wertvollen Hinweis.
d) Vielen Dank für Ihren Schirm, Frau Becker.
e) Wie lieb, daß du mich so spät noch abholst.
f) Haben Sie nochmals recht herzlichen Dank für Ihren Besuch.

15B Wir reagieren auf das „Dankeschön" des anderen

Grammatikregister

Adjektive

Deklination mit bestimmtem Artikel
Nominativ	6, Übung 1, Muster 1 – *9A*, Übung 1, Muster 1/2 – *11Bc*, Muster 4 – *12Bd*, Muster 2
Genitiv	6, Übung 1, Muster 2 – *11Bb*, Muster 1/2
Dativ	6, Übung 1, Muster 1 – *9A*, Übung 1, Muster 3
Akkusativ	*4A*, Muster 3 – *10Bc*, Muster 3 – *11Bb*, Muster 3

Deklination mit unbestimmtem Artikel
Dativ	*11Bc*, Muster 2
Akkusativ	*11Bb*, Muster 4 – *13B*, Übung 3

Deklination ohne Artikel
Nominativ	*12Bd*, Muster 3
Akkusativ	*10Bc*, Muster 1/2/4 – *11Bd*, Muster 3

Präpositionen

mit dem Akkusativ
in	*7Bb*, Muster 1/3/4
für	*15B*, Muster 1/2
auf	*8Ba*, Muster 3

mit dem Dativ
an	*7Bb*, Muster 1
in	*2Bb*, Übung 1, Muster 1/2 – *9A*, Übung 2, Muster 1
bei	*7Bc*, Muster 3
von	*7Bb*, Muster 2 – *9Ba*, Muster 2 – *10Bc*, Muster 3 – *11A*, Muster 2 – *11Ba*, Muster 2 – *11Bd*, Muster 1
zu	*3A*, Übung 1, Muster 1 – *8Ba*, Muster 1/2 – *11A*, Muster 4 – *11Ba*, Muster 1/4

Pronomen

Demonstrativpronomen
  dieser/diese ...   4*A*, Muster 1/2/4 – 4*Bb*, Muster 1/3 – *10Bc*,
                      Muster 1 bis 3
  „der/die/das"   2*Ba*, Übung 1, Muster 2 – 2*Bb*, Übung 1,
                      Muster 1 – 6, Übung 1, Muster 2 und Übung 2,
                      Muster 2 – 9*A*, Übung 2, Muster 1/2 – *10Bc*,
                      Muster 1/3

Interrogativpronomen
  welche   6, Übung 1, Muster 1 – 9*A*, Übung 1, Muster 1

Indefinitpronomen
  kein   2*A*, Muster 3 – 2*Bb*, Übung 2, Muster 1/2

Personalpronomen
  Nominativ   2*A*, Muster 1 – 11*A*, Muster 1/3/4
  Dativ   8*Ba*, Muster 3
  Akkusativ   2*A*, Muster 2 – 2*Ba*, Übung 1, Muster 1/2
                      – 3*A*, Übung 1, Muster 1 – 8*Ba*, Muster 1/2
                      – 8*Bb*, Muster 1 bis 4 – *11A*, Muster 2

Possessivpronomen
  mein   2*Bb*, Übung 1, Muster 2 – 7*Ba*, Muster 1 bis 3
                      – 7*Bc*, Muster 1 bis 5 – 7*Bd*, Muster 1/2
                      – 8*B*, Muster 1 bis 3
  dein   2*Ba*, Übung 1, Muster 1 – 2*Bb*, Übung 1,
                      Muster 1
  sein   *11Bc*, Muster 1
  ihr   2*Ba*, Übung 1, Muster 2 – *11Bc*, Muster 3
  euer   8*Ba*, Muster 3

Satztypen

„bis"-Sätze   8*A*, Muster 3

„daß"-Sätze   8*A*, Muster 3 – 8*Ba*, Muster 3 – *11Ba*,
                      Muster 1/2 – *12A*, Muster 2/3

Infinitivsätze
   mit „zu"   7*A*, Muster 1/5 – 7*B a*, Muster 3 – 7*B d*,
                             Muster 3 – *10 B a*, Muster 2
   mit „ohne zu"   *13 B*, Übung 2, Muster 1/2
   „ob"-Sätze   7*B d*, Muster 1/3/4 – 8*B a*, Muster 3 – 8*B b*,
                             Muster 2 – *10 A*, Muster 4

Relativsätze   *5*, Übung 1, Muster 1 – 8*B b*, Muster 4

W-Sätze   *1*, Übung 2, Muster 1 – *3 A*, Übung 1, Muster 1/2
                         – *3 B a*, Muster 1/3 – *3 B c*, Muster 4 – *4 A*,
                         Muster 1 bis 4 – *5*, Muster 2 – *10 B a*, Muster 4

„wenn"-Sätze   7*B b*, Muster 4 – *8 A*, Muster 1/4 – 8*B a*,
                         Muster 1 – 8*B b*, Muster 1 – *14*, Muster 2

Fragesätze
   W-Fragen   *1*, Übung 1, Muster 1; Übung 2, Muster 2
                        – *3 B b*, Muster 1/2 – *3 B c*, Muster 1/3 – *10 B a*,
                        Muster 1 bis 3
   Ja/Nein-Fragen   *3 B a*, Muster 2 – *4 B a*, Muster 2
   Negative Fragesätze
                        10 B b, Muster 4

Substantive

Deklination
   im Nominativ   *1*, Übung 1, Muster 1
   im Genitiv   *10 A*, Muster 4 – *11 B b*, Muster 1/2 – *11 B d*,
                         Muster 1 bis 3
   im Akkusativ   *1*, Übung 1, Muster 2; Übung 2, Muster 1/2
                         – *2 A*, Muster 1 bis 4

Wortbildung
   Ableitung   7*B c*, Muster 3
   Zusammensetzung *5*, Muster 1

Wortstellung

Inversion   *3 B c*, Muster 2 – *4 B b*, Muster 3 – *11 B a*,
                        Muster 3/4

Pronominalisierter Akk. vor Dat.
                      3 A, Übung 1, Muster 1

Verb

Tempus
- Präsens 3 A, Übung 2, Muster 1/2 – 3 B a, Muster 1 – 4 A, Muster 1 bis 4 – 4 B a, Muster 1 bis 4 – 4 B b, Muster 1 bis 3 – 7 B c, Muster 1 bis 4 – 8 A, Muster 3/4 – 10 B b, Muster 2 – 11 B a, Muster 1/2
- Perfekt 3 B a, Muster 2/3 – 4 B b, Muster 1 – 7 B c, Muster 5 – 10 B a, Muster 1 bis 6 – 10 B b, Muster 1/3/4 – 11 B a, Muster 3/4 – 14, Muster 1 – 15 A, Übung 2

Imperativ
- „Du"-Form 4 A, Muster 3 – 7 A, Muster 2 – 7 B a, Muster 1 – 7 B c, Muster 1 – 8 B a, Muster 2 – 8 B b, Muster 4 – 10 A, Muster 2
- „Sie"-Form 8 A, Muster 3

Passiv 3 B b, Muster 1 bis 3 – 3 B c, Muster 1 bis 4

Verben mit trennbarem Präfix
4 B a, Muster 4 – 7 A, Muster 2

Grammatikregister

Lesestoff

Joachim Gradewald
Der Zauber des Moai
Fünf junge Leute erleben ein Abenteuer auf der Osterinsel und
erfahren dabei manches über das Leben der Inselbewohner.
68 Seiten, geheftet, Hueber-Nr. 1465

Der Tag davor
Science fiction – Bearbeitete Erzählungen über die Zukunft
von Dr. Herbert W. Franke, Heinz Gartmann
und Thomas Le Blanc.
56 Seiten, mit Zeichnungen, geheftet, Hueber-Nr. 1345

Start mit Schwierigkeiten
Drei Reiseerzählungen, die den Leser in den kanadischen Westen,
an den Rio Grande
und in ein indianisches Dorf in Mexiko führen.
60 Seiten, mit Zeichnungen, geheftet, Hueber-Nr. 1379

Risiko für Weihnachtsmänner
Geschichten aus dem Leben
Bearbeitete Kurzgeschichten von Siegfried Lenz, Max von der Grün,
Heinz Piontek und Walter Bauer
64 Seiten, mit Zeichnungen, geheftet, Hueber-Nr. 1394

Die Bergwerke von Falun
Unheimliche Geschichten
Bearbeitete Erzählungen von E. T. A. Hoffmann, Marie Luise
Kaschnitz und Wilhelm Hauff
72 Seiten, mit Zeichnungen, geheftet, Hueber-Nr. 1396

sprachen der welt
hueber
Max Hueber Verlag · D-8045 Ismaning

Besseres Deutsch mit Hueber-Büchern!

Sigbert Latzel
sprechen von? – sprechen über?
Übungen zu sinnverwandten Präpositionalverben
128 Seiten, kartoniert, Hueber-Nr. 1368

Werner Schmitz
Der Gebrauch der deutschen Präpositionen
88 Seiten, kartoniert, Hueber-Nr. 1059

Kläre Meil/Margit Arndt
ABC der schwachen Verben
180 Seiten, kartoniert, Hueber-Nr. 1091

Kläre Meil/Margit Arndt
ABC der starken Verben
144 Seiten, kartoniert, Hueber-Nr. 1058

Gerhard Kaufmann
Wie sag ich's auf deutsch?
Übungen zu ausgewählten Kapiteln aus Grammatik und Wortschatz, mit Lösungsschlüssel
84 Seiten, kartoniert, Hueber-Nr. 1097

sprachen der welt
hueber
Max Hueber Verlag · D-8045 Ismaning